P'OU SONG-LING

CONTES ÉTRANGES DU CABINET LEAO

Traduits du chinois
par Louis Laloy

Éditions
Philippe Picquier

Titre original : *Leao tchai tche yi*

Mas de Vert
13200 Arles

En couverture : D.R.

Conception graphique : Picquier & Protière

ISBN : 2-87730-198-2
ISSN : 1251-6007

TABLE

La Fresque

Meng Loung-t'an et Tchou Hiao-kien étaient deux jeunes lettrés du Kiang-si, qui se rendaient de compagnie à la capitale. Chemin faisant, ils visitaient les monuments anciens et curieux. C'est ainsi qu'ils remarquèrent un jour, à quelque distance de la route, une pagode bouddhique :

— Elle a l'air bien pauvre, dit Meng.

— On y signale des peintures remarquables, répondit Tchou qui aimait les arts.

Ils se dirigèrent donc de ce côté. C'était une petite chapelle, humble à voir avec son toit délabré. Mais déjà un vieux bonze qui les avait aperçus par les interstices de la tenture baissée devant la porte, s'avançait vers eux en rajustant les haillons dont il était couvert, et leur offrait ses services. Ils entrèrent à sa suite dans le sanctuaire et furent éblouis.

Au milieu, la statue de l'un des Boddhisatvas ou Bouddhas futurs, Tcheu-koung, au visage brillant comme un miroir. Aux murs, de part et d'autre, des peintures à fresque d'un éclat merveilleux, et d'une vérité qui leur donnait les apparences de la vie. Du côté de l'est, on voyait les Filles du ciel, que les Hindous appellent

Apsaras, et qui sont chargées de répandre les fleurs de la Réincarnation. Ces fleurs descendent de ciel en ciel et quand elles atteignent un Boddhisatva, tombent jusqu'à terre pour donner naissance au corps de sa dernière existence ; mais les Grands Disciples les arrêtent au passage, parce que leur temps d'épreuve est terminé.

Le vieux bonze donnait ces explications à Meng, mais déjà Tchou ne les entendait plus que comme un murmure, perdu dans la contemplation d'une des Apsaras : les cheveux tombant sur les épaules à la façon des jeunes filles de la terre, elle tenait du bout des doigts ses fleurs, et souriait à peine. Ses lèvres, roses comme une cerise, semblaient sur le point de parler, ses yeux, de laisser filtrer leurs regards. Et voilà que tout à coup, par l'effet de la force spirituelle, Tchou se sentit soulevé dans les airs et porté jusqu'à la muraille.

Devant lui s'étendaient, à perte de vue, pagodes et tourelles, sans aucune ressemblance avec celles de ce monde. Un vieux bonze, sur sa chaire, la manche droite laissant le bras nu selon l'usage, prêchait devant un nombreux auditoire. Tchou se mêla, pour l'écouter, à la foule, mais presque aussitôt, il se sentit doucement tiré par le pan de sa robe. Il se retourna vivement : c'était la Fille du ciel aux cheveux dénoués, qui déjà s'en allait en lui souriant de côté. Il la suivit. Passant une barrière, elle entra dans un petit pavillon. Tchou n'osait aller plus loin. Elle s'en aperçut, et tournant la tête, elle éleva les fleurs qu'elle tenait en ses mains, comme pour lui faire signe de venir.

Ils étaient seuls dans le pavillon. Il la prit par la taille. C'est à peine si elle tenta de résister. En un instant, il était parvenu au comble du bonheur. Elle partit en l'enfermant, non sans lui recommander de ne pas faire de bruit jusqu'à son retour.

Elle revint le lendemain. Mais elle n'avait pas encore refermé la porte que ses compagnes, les autres Apsaras, envahissaient la chambre en un joyeux tumulte. Tchou se cacha bien vite sous le lit, mais elles n'eurent pas de peine à l'y apercevoir.

— Sera-ce une fille ou un garçon ? disaient-elles. Et qu'est-ce que ces cheveux bouclés, bons pour une jeune fille ? Voilà des épingles pour en faire un chignon comme en portent les femmes mariées.

La petite ne répondait rien, toute confuse. Une de ses camarades eut pitié d'elle :

— Ne restons pas trop, nous serions indiscrètes.

Elles partirent toutes comme elles étaient venues, avec de grands éclats de rire.

Tchou, sortant de sa cachette, vit son amie coiffée d'un haut chignon et de deux coques en ailes de phénix et la trouva plus jolie encore. Elle était seule. Cette fois, il la provoqua doucement au plaisir, en goûtant les délices d'un secret parfum de musc. Ils n'étaient pas encore au terme de la félicité, qu'au dehors, un bruit de bottes et un fracas de chaînes se faisaient entendre, mêlés à un murmure de voix indistinctes. La Fille du ciel se leva d'un bond, et tous deux, regardant par une fente de la porte, aperçurent un Gardien céleste, cuirassé d'or, au visage d'un noir de laque, agitant des paquets de chaînes. Les Apsaras se pressaient autour de lui.

— Etes-vous toutes là ? demandait-il.

— Oui, oui, répondaient-elles.

— C'est que si, d'aventure, une de vous cachait un être du monde inférieur, tous deux auraient la tête tranchée sans merci.

— Mais non, mais non, s'écrièrent-elles d'une voix.

Le gardien, cependant, revenait sur ses pas, l'air inquiet et soupçonneux. Pâle comme une morte, la Fille du ciel dit en tremblant à son compagnon :

— Cachez-vous vite !

Et, ouvrant une lucarne, au haut de la cloison, elle s'y glissa et disparut.

Tchou, caché de nouveau sous le lit, retenait son souffle. Il entendit, terrifié, les lourdes bottes s'approcher, sonner sur le parquet de la chambre, sortir, s'éloigner. Il reprit alors un peu de courage, mais, au dehors, il y avait toujours des allées et venues, des voix confuses. Courbé en deux, il avait des bourdonnements dans les oreilles et du feu dans les yeux. Il n'y pouvait plus tenir, quand il perçut distinctement ces mots :

— A force d'attendre le retour de son amie, il ne sait plus d'où il est venu lui-même.

Pendant ce temps-là, Meng Loung-t'an, jetant un regard en arrière, s'était aperçu, à sa grande surprise, de la disparition de son ami. Il interrompit le discours du bonze pour le prendre à témoin de cette absence extraordinaire.

— Il est allé au prêche, répondit l'autre, avec un singulier sourire.

— Quel prêche ? Où cela ?

— Pas loin d'ici.

Se rapprochant du mur, il y heurta du doigt en appelant Tchou par son nom :

— Bon seigneur Tchou, où vous attardez-vous ainsi ?

Alors on vit paraître le jeune homme dans la peinture, immobile, la tête penchée, prêtant l'oreille. Le bonze reprit :

— Venez donc, vous faites attendre votre ami.

Tchou se détacha du mur et vint s'abattre auprès d'eux, étourdi, chancelant : au moment où le bonze frappait le mur, il avait entendu comme un coup de tonnerre qui l'avait brusquement tiré de sa retraite.

Quand il se retrouva sur le sol, son premier regard fut pour la Fille du ciel. O prodige ! elle n'avait plus les cheveux répandus sur les épaules ; ils étaient relevés en un haut chignon, avec deux coques en ailes de phénix sur les tempes. Tout haletant, il la désigna du doigt au bonze qui se contenta de répondre, en souriant encore :

— L'homme fait le miracle à sa mesure. Quant à vous l'expliquer, ce n'est pas mon affaire.

Tchou sortit de la chapelle en s'appuyant au bras de son ami, à peine moins effrayé que lui, et demeura longtemps comme absent de soi-même.

L'Ermite du mont Lao

Wang Hing-ts'ih était un fils de famille, qui, dès sa jeunesse, s'était intéressé au taoïsme. L'élixir de longue vie, la recette de l'immortalité, les neuf transformations, les formules de conjuration, les talismans, avaient été l'objet constant de son étude, mais, comme il n'avait pas de maître et n'était renseigné que par les livres, il n'avait pu obtenir aucun résultat appréciable.

Il était déjà marié, quand un ami lui apprit qu'à quelque distance de la ville, dans un massif montagneux couvert de forêts, qu'on appelait le mont Lao, s'étaient retirés plusieurs adeptes de la doctrine, parvenus à l'immortalité terrestre. Il fit son paquet aussitôt, et sa femme chercha vainement à le retenir.

Son panier de voyage sur le dos, Wang s'enfonça, tout seul, dans la forêt et, pendant plusieurs jours, y erra, de vallée en vallée, gravissant des pentes pour découvrir le pays, faisant halte au bord des ruisseaux pendant ses maigres repas, dormant à l'abri d'un rocher. Enfin, comme le soir tombait, il aperçut, au travers d'une futaie, une construction de planches sur la cime d'une montagne. Il s'approcha : c'était un ermitage taoïste. Dans la véranda qu'abritaient les branches d'un vieux cèdre, un homme était assis sur un siège circulaire ; ses cheveux lui descendaient jusqu'aux épaules, une clarté surnaturelle l'environnait.

— Maître, lui dit Wang en tremblant, je suis venu jusqu'à vous pour vous demander la faveur de votre enseignement sublime.

L'ermite, levant les paupières, examina le postulant et dit enfin :

— Vous n'êtes pas de force à endurer les épreuves.

Wang, navré, se répandait en protestations. Mais, à ce moment, les disciples de l'ermite revenaient de leur journée de travail et s'assemblaient sous l'arbre. Wang se tut, se joignit à leur groupe, se prosterna avec eux, se retira comme eux dans le dortoir de l'ermitage. On le laissa faire. Au petit jour, tous se levèrent, et l'ermite, remettant une lourde hache aux mains de Wang, lui dit :

— Suivez les autres, allez couper du bois dans la forêt.

Pendant un mois, il mena cette existence, partant dès l'aurore pour ne revenir qu'après le soleil couché. Comme il n'avait jamais touché un outil de sa vie, ce métier de bûcheron le fatiguait beaucoup. Il lui était venu aux mains et aux pieds des ampoules grosses comme le cocon d'un ver à soie. Il en avait assez, mais n'osait pas le dire.

Un soir qu'il revenait l'un des premiers, il s'aperçut que son maître n'était pas seul dans la véranda : deux étrangers, la tasse en main, devisaient avec lui. Il faisait presque nuit, mais on n'avait pas encore apporté les lampes. Wang vit l'ermite prendre une feuille de papier sur la table, y découper un rond de la grandeur d'un miroir et se lever pour le coller au mur où il devint aussitôt une lune resplendissante. Les disciples assemblés sous l'arbre s'enfuyaient, pris de terreur, mais un des étrangers les retint :

— La joie d'une si belle nuit, prononça-t-il, doit être partagée.

Prenant un pot de vin sur la table, il leur fit signe de s'approcher pour y puiser. Wang se demandait comment un seul pot pourrait suffire à sept ou huit hommes, et les disciples, ayant fait la même réflexion, se disputaient à qui présenterait d'abord sa tasse. Mais on avait beau verser, le pot restait toujours plein.

L'autre visiteur dit alors à l'ermite :

— Vous nous avez donné la lune et nous buvons en paix. Il ne nous manque plus que l'Immortelle de la lune, la charmante Tch'ang-ngo.

Il prit alors sur son assiette un de ses bâtonnets et le lança dans la lune artificielle. Une petite figure humaine y parut, s'en détacha, haute à peine d'une coudée, et descendit à terre où elle atteignit aussitôt la grandeur normale : c'était une jeune fille à la taille fine, au cou délicat. Elle se mit à danser une danse inconnue sur la terre, qui se nomme la danse de l'arc-en-ciel, et tout en dansant, elle chantait :

— « Immortels ! immortels ! ramenez-moi, cachez-moi en ma solitude glacée ! »

Sa voix pure était chaude comme le son d'un hautbois. Elle s'arrêta de chanter, fit une pirouette et sauta sur la table où, en un instant, elle était redevenue bâtonnet. Les trois convives riaient aux éclats. L'un d'eux prit encore la parole :

— La nuit est belle, mais le vin est bien fort. Voulez-vous qu'il nous mène au palais de la lune ?

On vit alors les deux étrangers et l'ermite se lever et, l'un après l'autre, entrer dans la lune où ils apparurent distinctement ensuite, attablés de nouveau, comme dans un miroir. Puis la lune pâlit. L'obscurité se fit. Les disciples qui avaient assisté, muets de surprise, à toute cette scène, crurent devoir apporter les lampes. L'ermite était seul, assis sur son siège ordinaire ; auprès de lui, sur la table, des restes de friandises traînaient. Une feuille de papier, de la dimension d'un miroir, était collée au mur.

— Avez-vous assez bu ? leur demanda-t-il.

Et, sans autre allusion à ce qui venait de se passer, il ajouta :

— Allez donc vous coucher sans tarder, pour ne pas manquer à votre ouvrage de demain.

Wang, émerveillé de ce qu'il avait vu, ne regretta plus rien et redoubla de zèle. Mais il continuait de beaucoup souffrir et il n'était pas question de lui enseigner quoi que ce fût. Un jour que ses ampoules lui faisaient plus mal encore que de coutume, il s'enhardit jusqu'à aller trouver le maître, avant le retour des autres, et il lui dit :

— Votre disciple que voici est venu de fort loin pour suivre vos leçons. Sans doute, si vous ne m'avez pas transmis encore le secret de longue vie, c'est que mon initiation n'est pas suffisante. Mais, n'y aurait-il pas lieu de me tenir compte de ma bonne volonté ? Depuis trois mois que je suis ici, je n'ai pas fait autre chose que de couper du bois du matin au soir. A la maison, je n'étais pas accoutumé à de si durs travaux.

— Je vous l'avais bien dit, répondit l'ermite en souriant. Vous partirez demain matin, si vous voulez.

— Mais, n'y aurait-il pas moyen, après tout le temps que j'ai passé ici, de m'apprendre au moins un tout petit secret, afin que je ne sois pas venu tout à fait pour rien ?

A peine ces mots prononcés, Wang eût voulu les reprendre, car il en sentit l'indiscrétion. Mais l'ermite ne se fâcha pas.

— Je veux bien, répondit-il. Dites-moi ce que vous aimeriez à savoir.

— J'ai cru remarquer, répondit Wang, que vous pouviez aller et venir à votre gré, sans être arrêté par les murs.

— N'est-ce que cela ? dit l'ermite, toujours souriant. Je vais vous donner la formule.

Wang répéta la formule. L'ermite la lui fit réciter à plusieurs reprises, le conduisit devant le mur du jardin :

— Allez ! lui dit-il.

Wang, face au mur, ne bougeait pas.

— Allez donc !

Wang prit son élan, mais devant le mur, il s'arrêta.

— N'ayez pas peur ! Jetez-vous dans le mur, tête baissée !

Alors Wang recula de quelques pas, bondit et passa au travers du mur, sans plus de difficulté que s'il n'eût pas existé. Tout surpris de se trouver de l'autre côté, il revint auprès de l'ermite et le remercia avec effusion. Il en reçut cet avertissement :

— Soyez bien sage à votre retour. Sinon, la formule restera sans effet.

Et l'ermite lui indiqua le chemin du retour.

La femme de Wang fut bien heureuse de le revoir et lui demanda, comme il fallait s'y attendre, ce qu'il avait vu et fait dans la montagne. Wang se garda de raconter qu'il n'avait fait autre chose que de couper du bois, mais se vanta d'avoir gagné la confiance du merveilleux ermite, qui lui avait enseigné, parmi bien d'autres secrets, celui de passer à travers les murs. Comme elle n'en croyait rien, il entreprit de la convaincre sur-le-champ. Il recula de quelques pas, récita sa formule et alla donner violemment de la tête contre le mur de sa maison. Il fallut que sa femme l'aidât à se relever : il avait au front une bosse grosse comme un œuf de poule.

— Maudit ermite ! s'écria-t-il.

Car il n'avait pas même acquis assez de sagesse pour reconnaître sa faute.

La Petite Ning

Wang Tze-fou avait perdu son père de bonne heure. Fort intelligent, il passait à quatorze ans son baccalauréat. Sa mère, qui l'aimait beaucoup, lui recommandait toujours de ne pas se promener hors de la ville. Cependant, le jour où il fut reçu le premier à la licence, un de ses cousins, nommé Wou, vint le chercher pour faire un tour ensemble. Ils sortaient de la ville, quand un domestique de l'oncle vint chercher Wou. Wang, resté seul, aperçut une jeune fille qui se promenait à l'aventure, suivie d'une servante. Elle tenait aux doigts un rameau de prunier fleuri. Sa beauté rivalisait avec celle des fleurs, et on eût voulu cueillir son sourire. Le jeune homme ne la quittait pas des yeux, au risque de paraître indiscret. Elle passa, et après quelques pas, dit à sa servante :

— Comme ses yeux brillent ! On dirait un voleur !

Elle laissa tomber ses fleurs à terre, et s'en alla, riant et causant.

Wang ramassa les fleurs et rentra chez lui, en proie au mal d'amour. Il cacha la branche sous son oreiller et se coucha ; il ne parlait plus, ne mangeait plus. Sa mère, inquiète, n'en pouvait rien tirer. Elle pria le cousin Wou, qui était venu voir le malade, de l'interroger à sa place, et Wang finit par lui dire la vérité.

— N'est-ce que cela ? s'écria Wou. Rien de plus facile. Une jeune fille qui s'en va seule dans la campagne n'appartient pas au grand monde. Si c'est encore une enfant, c'est chose faite. Sinon, avec un cadeau de plus nous en viendrons à bout. Il s'agit de vous guérir, et je m'en charge.

Wou se mit donc en quête et revint après quelques jours, sans avoir trouvé la moindre trace de la jeune fille. Mais comme Wang avait déjà meilleure mine, il prit le parti de le tromper.

— Je sais qui elle est, dit-il. C'est la fille de ma tante, donc votre cousine par alliance.

Wang ouvrait de grands yeux :

— Où habite-t-elle ?

Continuant à mentir, Wou répondit :

— A cinq lieues d'ici, au sud-ouest, dans les montagnes.

Wang le pria de s'y rendre et lui fit une foule de recommandations que l'autre écouta avec la plus grande attention ; après quoi, Wang eut beau lui envoyer message sur message, il s'arrangea, sous divers prétextes, pour ne plus se montrer.

Wang, qui se rongeait d'impatience et de chagrin, finit par se dire qu'après tout, cinq lieues n'étaient pas une si grande distance et qu'il pouvait bien aller voir par lui-même. Il tira de dessous son oreiller la branche : les fleurs étaient sèches, mais gardaient leurs pétales. Il la cacha dans sa manche et sortit sans être remarqué. Après cinq lieues de marche environ, il se trouva au milieu de montagnes enchevêtrées et de forêts touffues, sans trace de chemin, sinon pour les oiseaux. Au fond d'une vallée, il découvrit un petit village caché parmi les arbres et les fleurs. Il descendit de ce côté. Les habitations étaient en petit nombre, mais semblaient très bien tenues. Au nord, une maison avait devant sa porte des saules pleureurs, et à l'intérieur de son enclos, une profusion de pêchers et d'abricotiers, mêlés à de hauts bambous où bruissaient les oiseaux sauvages. Il lui sembla discerner en ce jardin un pavillon mais n'osant y pénétrer sans avertir, il revint à la porte d'entrée où il trouva un banc de pierre : il s'y assit pour attendre. Soudain, de l'autre côté du mur, il entendit une voix de femme qui appelait :

— Siao-young !

La voix était jolie. Il l'écoutait encore qu'il vit paraître une jeune fille qui traversait le jardin. Elle tenait à la main un rameau d'abricotier fleuri ; elle baissa la tête pour le piquer dans ses cheveux. Puis, la relevant, elle aperçut le jeune homme et s'interrompit. Avec un rire contenu, froissant les fleurs entre ses doigts, elle entra dans la maison. Wang l'avait reconnue : c'était la jeune fille rencontrée le jour de son unique promenade. Mais il n'osa l'interpeller. Personne dans l'enclos qu'il pût interroger. Il resta sur son banc du matin jusqu'au soir, si absorbé par son attente qu'il oubliait faim et soif.

Enfin, il vit la jeune fille qui, furtivement, l'observait, comme surprise de le trouver encore là. Bientôt, une vieille femme appuyée sur un bâton sortit de la maison et lui adressa la parole :

— Comment, monsieur ! J'apprends que vous

êtes ici depuis le lever du jour ? Pourquoi cela ? Et n'avez-vous pas faim ?

Le jeune homme s'était hâté de se lever et de saluer.

— Je viens rendre visite à ma parente, dit-il.

La vieille était sourde, elle n'entendit pas. Il répéta sa phrase à voix plus haute.

— Et comment s'appelle cette parente ? demanda la vieille.

Wang ne put répondre. La vieille se mit à rire.

— Comment ! dit-elle, vous ignorez le nom de votre parente ? On voit bien que l'étude vous a troublé l'esprit. Venez plutôt avec moi, j'ai un peu de riz à vous offrir, et même un petit lit pour vous reposer, vous aurez peut-être meilleure mémoire, et il sera temps encore de faire votre visite.

Le jeune homme, à ces mots, se sentit tout à coup grand-faim, et comme il espérait en outre parvenir à se rapprocher de la jeune fille, c'est avec joie qu'il accepta l'invitation de la vieille femme.

La porte ouverte, il vit des degrés de pierre blanche, bordés par des massifs de fleurs rouges, qui bientôt tournèrent à l'ouest. Là, on ouvrit une autre barrière et, sous un berceau de feuillage et de fleurs, on parvint à la maison. Les murs étaient brillants comme un miroir ; une branche de cognassier entrait par la fenêtre ; la table et le lit étaient d'osier. Dès que Wang fut assis, quelqu'un vint regarder tout doucement par la fenêtre. La vieille cria :

— Siao-young, il est temps de faire le dîner.

La servante répondit à voix haute du dehors.

Assis auprès de son hôtesse, Wang lui dit son nom.

— N'auriez-vous pas, répondit-elle, un cousin nommé Wou ?

Il se trouva que Wou était son neveu, le fils de sa sœur, et que Wang était en effet son parent par alliance.

— Nous sommes très pauvres depuis plusieurs années, ajouta la vieille. C'est pourquoi j'ai perdu de vue ma famille.

— C'est ainsi, fit Wang, que j'ai une cousine ; dans mon trouble, j'avais oublié son nom.

— Mon nom, répondit la vieille, est T'sin, mais la jeune fille qui vit avec moi n'est que ma fille adoptive. C'est la fille d'une seconde femme de mon défunt mari qui s'est remariée et me l'a laissée. Elle est un peu simple et n'a guère d'éducation, mais elle est gaie et ignore la mélancolie. Je vous la présenterai dans un instant.

Quand la table fut desservie, la vieille dit à la servante d'appeler Mlle Ning. On entendit bientôt, derrière la porte, un rire étouffé.

— Petite Ning, dit la vieille, votre cousin est là.

Derrière la porte, on riait toujours. La servante poussa la jeune fille dans la chambre : la main devant sa bouche, elle ne pouvait s'arrêter de rire. La vieille lui fit les gros yeux.

— Voilà une manière de se présenter devant un visiteur !

La jeune fille reprit enfin son sérieux, et sa mère adoptive fit les présentations. Wang demanda :

— Quel âge a-t-elle ?

La vieille n'ayant pas compris, il fallut répéter

la question, ce qui donna à la jeune fille un nouvel accès de rire.

— Je vous avais bien dit, fit remarquer la vieille, qu'elle a peu d'éducation. Elle a seize ans, mais elle est innocente comme une petite fille.

Wang, qui ne quittait pas des yeux la jeune fille, vit à ce moment la servante se pencher à son oreille.

— Ses yeux brillent toujours comme si c'était un voleur, disait-elle à voix basse.

La petite Ning éclata de rire.

— Allons voir, dit-elle, si les pêchers bleus sont en fleurs.

A peine levée, elle mit sa manche devant son visage et sortit bien vite à pas menus. Au dehors, on l'entendit rire tout à son aise.

Mme Ts'in avait invité Wang à rester quelques jours pour se reposer, et il s'était bien gardé de refuser.

— Si vous vous ennuyez dans notre solitude, avait-elle ajouté, vous trouverez quelques livres à lire, et un petit jardin derrière la maison.

Le lendemain matin, Wang trouva en effet, à l'endroit indiqué, un jardin d'un demi-arpent d'étendue, où le gazon était doux comme du feutre, et les fleurs de saule bordaient les sentiers. Il y avait là une maisonnette de feuillage montée sur trois poteaux et entourée d'arbres de tous côtés. Comme Wang s'était enfoncé de quelques pas parmi les fleurs, il entendit un murmure au haut d'un arbre et, levant la tête, aperçut la petite Ning. En le voyant, elle se mit à rire si fort qu'elle faillit tomber :

— Prenez garde, dit Wang.

Elle descendit, tout en riant, et au moment d'arriver à terre, elle lâcha prise et tomba. Wang la releva, non sans lui serrer un peu le poignet, ce qui la fit rire de nouveau. Elle s'appuyait à un arbre, ne pouvant marcher. Wang attendit qu'elle eût fini de rire pour tirer de sa manche la branche fleurie qu'il avait gardée et la lui montrer.

— Elle est sèche, dit-elle. Pourquoi la garder ?

— C'est la branche que vous avez laissé tomber le jour de ma promenade après l'examen. Voilà pourquoi je l'ai gardée.

— Mais pourquoi faire ?

— Pour vous montrer que mon amour dure toujours. Depuis notre rencontre, j'ai tant pensé à vous que j'en suis tombé malade. Je ne me reconnaissais plus. C'est que je ne croyais plus vous revoir. Ayez pitié de ma douleur.

— Voilà qui est bien compliqué ! Pourquoi regretter la rencontre d'une parente ? Quand vous partirez, je dirai à la vieille jardinière de vous faire un grand bouquet.

— Etes-vous folle ?

— Comment, folle ?

— Ce ne sont pas les fleurs que j'aime, mais celle qui les a tenues.

— On aime ses parents, cela va sans dire.

— Il ne s'agit pas d'aimer sa parenté, mais de s'aimer comme mari et femme.

— Quelle est donc la différence ?

— C'est de partager, la nuit, la natte et l'oreiller.

La jeune fille réfléchit un instant, la tête penchée, et dit :

— Je n'ai pas l'habitude de dormir avec un jeune homme.

La servante, à ce moment, s'approcha furtivement, et Wang effrayé s'éloigna.

Un moment après, il retrouvait la petite Ning auprès de Mme Ts'in qui la grondait de son retard.

— J'étais au jardin et je causais avec M. Wang.

— C'était bien le moment ! Le dîner est prêt. Quelle bavarde !

— Mon cousin me demandait de coucher avec lui…

Wang épouvanté lui fit de si gros yeux qu'elle s'arrêta avec un léger rire. Par bonheur, Mme Ts'in n'avait pas compris, mais elle questionnait avec instance. Wang inventa une autre réponse, et gronda tout bas la jeune fille.

— Il ne faut donc pas parler de cela ? dit-elle, surprise.

— On en parle quand il n'y a personne.

— Personne d'étranger, mais pourquoi s'en cacher à sa mère ?

Wang resta sans réponse. Le repas finissait quand des domestiques de la maison de Wang arrivèrent avec deux chevaux pour le ramener. C'est sur le conseil du cousin Wou que sa mère, très inquiète depuis son départ, l'avait fait chercher dans cette direction. Wang demanda à Mme Ts'in la permission d'emmener la jeune fille pour la présenter à sa mère ; Mme Ts'in y consentit bien volontiers.

Mme Wang ne fut pas peu surprise de voir arriver avec son fils une charmante jeune fille.

— C'est ma cousine, dit Wang.

— Mais ce que vous a raconté votre cousin Wou était de son invention. Je ne me connais ni sœur ni nièce.

Cependant, au nom de Ts'in, elle examina la jeune fille de plus près.

— J'ai eu en effet, dit-elle, une sœur mariée dans la famille Ts'in, mais elle est morte depuis longtemps. Cependant, cette enfant lui ressemble.

M. Wou, qui vint sur ces entrefaites, réfléchit un moment, puis dit :

— Cette jeune fille ne s'appelle-t-elle pas la petite Ning ?

— Comment le savez-vous ? dit Wang.

— Après la mort de votre tante, reprit Wou, son mari, M. Ts'in, resté veuf, céda aux charmes d'une renarde et mourut bientôt d'épuisement, mais la renarde eut une fille qu'on appela la petite Ning. Elle reposait sur le lit, dans ses langes, et les gens de la maison l'ont bien vue. Après la mort de M. Ts'in, la renarde venait la voir de temps à autre, elle avait même collé au mur une formule magique. Un jour, elle emmena l'enfant et disparut. Voilà l'histoire.

M. Wou entreprit alors d'aller voir lui-même le village et la maison de la jeune fille, mais il n'en trouva pas trace dans la montagne, envahie à perte de vue d'une végétation luxuriante, non plus que du tombeau de sa tante qui devait être dans le voisinage. Quand Mme Wang apprit à la petite Ning la disparition de son foyer, elle ne témoigna aucune émotion et se contenta de rire comme une sotte ; c'était à n'y rien comprendre. Mme Wang lui fit mettre un lit dans la chambre des femmes de la maison. Au matin, elle vint la voir et la trouva occupée à des ouvrages de femme, très adroite et appliquée. Mais elle riait toujours ; si on cherchait à l'arrêter, elle riait plus fort. Ses compagnes l'aimaient bien, femmes et jeunes filles du voisinage venaient la voir à l'envi. Mme Wang gardait un doute. Elle l'examina au soleil et constata que son ombre correspondait entièrement avec la forme de son corps. Elle fut alors certaine que ce n'était pas un démon, et consentit au mariage.

La petite Ning fut encore prise du fou rire sous sa belle parure, au jour des noces. De crainte qu'en sa simplicité elle ne trahît les intimités de la chambre et ses secrets de femme, son mari lui interdit de prononcer un mot à ce sujet. Si Mme Wang était fâchée, la jeune femme n'avait qu'à rire pour la dérider. Si une servante, pour quelque faute vénielle, craignait d'être punie, elle lui demandait d'aller en parler à Mme Wang, et la punition était levée. Elle adorait les fleurs et allait en demander dans tout le voisinage ; elle mettait ses épingles d'or en gage pour se procurer de belles espèces. Au bout de quelques mois, le perron et les murs étaient garnis de plantes grimpantes, toujours en fleurs.

Au fond de la cour, il y avait un acacia qui touchait à la propriété voisine. La petite Ning aimait à y grimper pour s'amuser à mettre et ôter ses épingles. Mme Wang l'avait grondée pour cela, mais sans succès. Un jour, le fils du voisin l'aperçut et demeura en contemplation devant elle, la tête renversée en arrière. La jeune femme se mit à rire. Il crut qu'elle l'encourageait, et la regarda avec passion. Ning lui indiqua du doigt le pied du mur et descendit, riant toujours. Le soir, le jeune homme fut exact au rendez-vous et y trouva sa nouvelle amie. Il se saisit d'elle aussitôt, mais au lieu même du plaisir, une douleur suraiguë le transperça jusqu'au cœur et le jeta à terre, il en criait à tue-tête. Son père et sa mère accoururent. On s'aperçut que l'objet qu'il avait pris dans ses bras n'était pas une femme, mais une pièce de bois percée d'un trou d'où sortit un scorpion gros comme un crabe, cause de tout le mal. La piqûre était si grave que le jeune homme mourut dans la nuit. La famille porta plainte contre Wang, responsable des maléfices de sa femme.

Il put heureusement établir que le fils du voisin s'était rendu coupable de séduction et de violence, et l'affaire s'arrangea. Mais la petite Ning fut sévèrement réprimandée par Mme Wang pour cette imprudence.

— Vous êtes vraiment trop sotte, lui dit-elle, et tel qui rit à l'excès aujourd'hui versera des larmes amères demain. Supposez que l'affaire ne se soit pas arrangée, quelle honte pour moi !

La jeune femme était devenue sérieuse ; on ne la voyait plus jamais rire ; craignant d'être allée trop loin, Mme Wang lui dit :

— Personne ne s'interdit de rire, il suffit de prendre son temps.

Mais la jeune femme avait renoncé au rire pour toujours ; même si on essayait de la faire rire, elle restait sérieuse ; mais jamais non plus on ne la voyait de mauvaise humeur.

Un soir, elle vint à son mari, toute en larmes, et lui avoua qu'elle était en effet la fille d'une renarde.

— J'ai confiance en vous maintenant, ajouta-t-elle, je vois que votre mère et vous m'aimez de tout votre cœur, et qu'on peut tout vous dire.

Elle lui parla alors de sa mère adoptive, morte depuis dix ans, et dont la sépulture était abandonnée dans la montagne. Le lendemain, ils partirent ensemble, retrouvèrent la tombe sur les indications de Ning, et rapportèrent le corps pour le déposer dans le tombeau de la famille Ts'in. La nuit suivante, ils virent tous deux en rêve la vieille dame appuyée sur son bâton, qui venait les remercier. Wang, au réveil, regrettait qu'elle ne fut pas restée.

— C'est un fantôme, dit Ning. Les hommes vivants ont en eux trop de principe positif pour qu'elle puisse supporter longtemps leur présence.

Elle lui apprit alors que la servante était aussi une renarde.

L'année suivante, Ning mit au monde un fils. Quand elle le portait dans ses bras, il n'avait peur de personne et souriait aux étrangers : il tenait, disait-on, de sa mère.

Gnieh Siao-ts'ing

Gning Ts'ai-tch'en était originaire du Tche-kiang. C'était un très honnête homme, d'une vertu sévère et de mœurs irréprochables, qui n'avait de sa vie trompé personne. Un jour qu'il s'était rendu en la ville de Kin-hoa, il fit halte, dans le faubourg du nord, auprès d'un couvent bouddhique abandonné. La pagode était d'une belle architecture, mais entourée de fourrés impénétrables. De part et d'autre, les cellules aux portes closes. Vers le sud, un petit pavillon qui semblait fermé depuis peu. A l'angle oriental de l'enceinte, sous de hauts bambous qui se joignaient, une pièce d'eau couverte de nénuphars sauvages en fleur. Gning goûta fort cette solitude. Il se trouvait que l'examinateur en chef allait venir pour ouvrir la session, et que les hôtelleries de la ville étaient hors de prix. Gning décida de se loger dans le couvent et se mit à faire les cent pas en attendant le retour du bonze.

Vers le soir, il vit venir un taoïste qui se dirigeait vers le pavillon du sud. Gning s'empressa vers lui et, après l'avoir salué, lui fit part de son intention.

— Il n'y a pas de maître ici, répondit l'autre. Je ne suis moi-même qu'un hôte de passage.

Mais si cette solitude ne vous est pas trop à charge, je serai heureux de la bonne fortune qui me procure votre compagnie.

Gning se mit, tout joyeux, à se dresser, dans l'un des pavillons, un lit de feuilles mortes, une table de branchages, et à faire son installation. Comme il y avait clair de lune cette nuit-là, les deux hommes restèrent à causer dans le jardin. Le taoïste se nommait Yen. Gning croyait d'abord qu'il était au nombre des candidats à l'examen, mais en l'écoutant parler, il reconnut un accent qui n'était pas celui de la province. Il l'interrogea à ce sujet.

— C'est, répondit le taoïste, le pur dialecte de la dynastie des Ts'in.

Une fois au lit, Gning resta longtemps sans trouver le sommeil à cause de la nouveauté des lieux. Il entendit tout à coup un murmure de voix et s'approcha de la fenêtre. Deux femmes causaient ensemble auprès d'un petit pavillon isolé, dans le jardin. L'une avait une quarantaine d'années, l'autre était une vieille en robe noire, au dos voûté, au chef branlant. La première disait :

— Voilà longtemps que nous attendons Siao-ts'ing.

La vieille répondit :

— Sans doute, elle va venir.

— J'espère, reprit l'autre, qu'elle ne vous a rien dit de fâcheux.

— Pas du tout, mais elle avait l'air ennuyée.

— Je n'arrive pas à la bien comprendre.

A ces mots survint une jeune fille de dix-sept ou de dix-huit ans, qui paraissait très jolie. La vieille lui dit en riant :

— Il ne faut jamais parler des absents.

Pendant que nous causons, voilà que vous venez sans bruit, petite sorcière. Heureusement que nous ne disons pas de mal de vous.

Elle ajouta :

— Ma petite demoiselle, vous êtes belle comme une image en peinture. Pour sûr, si j'étais un homme, je perdrais mon âme pour vous.

La jeune fille répondit :

— Grand-mère, si vous me flattez ainsi, les autres n'auront plus rien à dire.

La conversation continua, mais sans que Gning pût comprendre. Il pensa que c'étaient des voisines qui bavardaient, et alla se remettre au lit.

Le silence s'était fait, et il était sur le point de s'endormir, quand il entendit qu'on entrait dans sa chambre. Il se leva vivement et reconnut la jeune fille du jardin.

— Que venez-vous faire ici ?

— Ni jour ni nuit je ne puis dormir, répondit-elle en souriant. Alors je cherche à me distraire.

Mais Gning lui dit très sérieusement :

— Songez à ce que vous faites. Nous devons craindre le jugement des hommes, et une seule faiblesse suffit à nous perdre de réputation.

— La nuit, répondit-elle, personne n'en peut rien savoir.

Gning continua à lui faire la morale ; elle restait hésitante, comme si elle avait eu encore quelque chose à dire. Gning la menaça enfin, si elle ne s'en allait pas, de la dénoncer à son voisin du pavillon du sud. Elle partit alors, effrayée, mais arrivée à la porte, elle revint sur ses pas et posa un lingot d'or sur la couverture. Gning le jeta à terre :

— Cet objet impur souillerait ma bourse.

Toute honteuse, elle ramassa l'or et sortit en murmurant :

— Il faut que cet homme soit de fer ou de pierre.

Le lendemain, un certain Lan-ki, venu à la ville pour subir l'examen, se logea lui aussi dans le couvent, avec son domestique. Dans la nuit, il mourut d'un accident singulier : une fine pointe lui avait percé le pied, et la blessure allait jusqu'au cœur ; il avait perdu tout son sang. La nuit suivante, ce fut au tour de son domestique de mourir de la même manière.

Yen était absent ; il rentra le soir, et Gning lui apprit aussitôt ce qui s'était passé. Il lui dit :

— C'est un démon.

Gning, en sa simplicité, n'en voulait rien croire. Mais à la nuit tombante, il vit revenir dans sa chambre la jeune fille.

— J'ai observé bien des hommes, lui dit-elle, mais aucun qui eût le cœur aussi ferme que vous. Vous êtes vraiment un sage, et je ne veux pas vous tromper. Je m'appelle Gnieh, de mon prénom Siao-ts'ing, et je suis morte à dix-huit ans ; mon tombeau est à côté du temple. Je suis tombée au pouvoir d'un démon, et le triste office que j'exerce me fait rougir de honte ; certes, ce n'est pas pour mon plaisir. Maintenant qu'il n'y a plus personne à tuer dans le couvent, j'ai peur qu'il ne me faille revenir ici une de ces nuits.

Gning, effrayé, lui demanda un moyen de salut. Elle répondit :

— Vous ne serez en sûreté que dans la chambre de Yen. C'est un homme extraordinaire dont on n'ose approcher.

Il lui demanda comment elle s'y prenait pour séduire ses victimes.

— Ceux, dit-elle, qui me prennent, je leur perce le pied sans qu'ils s'en doutent, ils s'évanouissent et je recueille le sang pour le donner à boire à mon démon. Ou bien j'emploie de l'or, mais ce n'est pas de l'or, c'est un os d'un diable d'enfer. Ceux qui le gardent, je peux leur enlever le cœur et le foie. D'une façon ou de l'autre, j'arrive à mes fins.

Gning, plein de reconnaissance, lui demanda quand il aurait à prendre garde.

— Dès la nuit prochaine, répondit-elle.

Au moment de le quitter, elle lui dit en pleurant :

— Je suis tombée dans la mer ténébreuse et ne puis atteindre le rivage. Vous êtes juste et bon, vous pouvez me sauver. Si vous consentez à recueillir mes ossements et à les déposer dans une sépulture paisible, vous me donnerez plus qu'une seconde vie.

Gning le lui promit avec ardeur, et elle lui indiqua le lieu de son tombeau, dans le jardin, près d'un peuplier blanc portant à sa cime un nid de corneilles.

Le lendemain, craignant que Yen ne vînt à s'absenter, Gning l'invita à la promenade et resta toute la journée avec lui, partageant ses repas, sans le quitter des yeux. Mais quand il parla de passer encore la nuit ensemble, Yen s'excusa sur son goût de la solitude. Gning ne voulut rien entendre et arriva avec ses ustensiles de nuit. Voyant qu'il ne s'en débarrasserait pas, Yen lui donna un lit. Il lui fit alors cette recommandation :

— Je sais, monsieur, que vous êtes un homme et j'ai beaucoup de sympathie pour vous. J'entends cependant garder pour moi un secret qu'il serait trop long de vous expliquer. Veuillez ne pas examiner ce panier : il n'en résulterait rien de bon ni pour vous ni pour moi.

A ces mots, il suspendit un panier au-dessus de la fenêtre, se coucha et se mit tout aussitôt à ronfler comme s'il avait le tonnerre dans la gorge. Gning ne pouvait s'endormir. Vers dix heures du soir, il vit venir tout doucement vers la fenêtre une forme humaine, qui tout à coup s'approcha et regarda dans la chambre avec des yeux étincelants comme l'éclair. Gning voulait appeler Yen, mais avant qu'il eût le temps de le faire, le panier se fendit et laissa échapper un objet brillant comme un ruban de soie qui frappa violemment le linteau en pierre de la fenêtre, puis revint et s'éteignit comme la foudre. Alors seulement Yen s'éveilla et se leva, pendant que Gning faisait semblant de dormir pour l'observer. Yen retira du panier un objet brillant comme du cristal de roche, long de deux pouces et de la largeur d'une feuille de poireau. Après l'avoir examiné à la clarté de la lune, il l'enveloppa avec soin et le replaça dans le panier brisé en murmurant :

— Ce vieux démon ! Quelle audace ! Il m'a abîmé mon panier.

Puis il se recoucha. Mais Gning n'y put tenir, il se leva et lui demanda des explications.

— Puisque nous sommes de bons amis, répondit Yen, je n'ai rien à vous cacher. C'est mon épée magique. Sans ce linteau de pierre, le démon mourait sur place ; mais il est blessé.

Le lendemain matin, on voyait en effet des traces de sang sur la bordure de la fenêtre.

Gning n'eut aucune peine à trouver le peuplier blanc portant le nid de corneille, et la sépulture au pied de l'arbre. Il déterra les ossements, les enveloppa dans une couverture et s'apprêta au départ. Yen lui fit la conduite en lui témoignant beaucoup de sympathie, et lui donna en souvenir son épée magique, enfermée dans un sac de cuir. Gning lui exprima le désir de devenir son disciple ; il répondit :

— Vous en seriez digne par votre vertu et la sûreté de votre caractère, mais vous êtes encore un heureux de ce monde et ne pouvez suivre la Voie.

Le pavillon occupé par Gning, dans sa maison, donnait sur la campagne. Il put donc ensevelir tout auprès les ossements qu'il avait rapportés avec lui. Comme il revenait d'accomplir ce pieux devoir, il s'entendit appeler :

— Pas si vite ! Attendez-moi !

Il se retourna et reconnut Siao-ts'ing, fraîche et rose comme l'aurore ; elle cheminait à ses côtés, les pieds menus comme des pousses de bambou. Arrivé au pavillon, il la pria d'attendre pendant qu'il avertirait sa mère. La vieille dame fut d'abord bien troublée. Il se trouvait justement que la femme de Gning était malade ; elle recommanda de ne rien lui dire, pour ne pas l'effrayer, et là-dessus, la jeune fille entra légèrement et salua jusqu'à terre. Comme Mme Gning demeurait interdite, Siao-ts'ing prit la parole :

— Je suis une abandonnée, sans père ni mère,

ni frères. Vos bienfaits se sont répandus sur moi comme une rosée et m'ont couverte des pieds à la tête. Je veux tenir la corbeille et le balai en récompense de votre charité.

Touchée de ces bonnes dispositions, Mme Gning recouvra enfin la parole et dit :

— Vous avez été bonne pour mon fils, mademoiselle, et je vous en suis reconnaissante au-delà de toute expression. Mais je n'ai que cet enfant, et pour qu'il ait une postérité capable de continuer le culte des ancêtres, je ne puis lui permettre de s'unir à un fantôme.

Siao-ts'ing répondit :

— Je sais tenir parole. Si les âmes de dessous terre ne vous inspirent pas confiance, je serai pour votre fils une sœur, et je vous aiderai, ma mère, du matin au soir, voulez-vous ?

Mme Gning ayant consenti, Siao-ts'ing se rendit à la cuisine où elle remplaça la vieille dame, puis circula dans les chambres, vaquant aux soins du ménage, comme si elle avait habité là de tout temps. Mais le soir, Mme Gning ne lui fit pas faire le lit. Siao-ts'ing alla rejoindre Gning dans son pavillon, après l'avoir prié toutefois d'en retirer le sac de cuir qui l'effrayait. Ils s'assirent tous deux sous la lampe et restèrent un moment silencieux. Alors Siao-ts'ing demanda à Gning de lire un peu avec elle, en corrigeant les fautes, car jadis, elle n'avait appris que quelques prières, encore les avait-elle à peu près oubliées. Ainsi se passa la soirée. Vers minuit, comme elle ne parlait pas de partir, ce fut Gning qui dut l'y engager.

— Je suis, répondit-elle, une âme en peine qui a bien peur dans sa tombe.

Mais Gning ne se laissa pas fléchir.

— Il n'y a pas d'autre lit dans la chambre ; même un frère et une sœur doivent éviter les mauvaises pensées.

Elle partit alors, retenant ses larmes. Dès l'aube du jour suivant, elle présentait ses devoirs à sa mère adoptive et travailla toute la journée avec une docilité exemplaire. Le soir, elle lut avec Gning et se retira dès qu'elle vit qu'il voulait dormir.

Cependant, la femme de Gning étant gravement malade, Mme Gning n'eût jamais pu suffire à l'ouvrage sans ce secours inespéré. Elle en sut gré à Siao-ts'ing et commença de l'aimer comme sa propre fille, oubliant que c'était un fantôme. Elle n'eut plus le courage de la renvoyer le soir et lui fit dresser un lit dans la maison. De son côté, Siao-ts'ing, qui d'abord ne prenait aucune nourriture, commençait d'avaler un peu de bouillon. La femme de Gning vint à mourir. Mme Gning songea à prendre Siao-ts'ing pour belle-fille, mais elle craignait que son fils n'eût à en souffrir. Devinant sa pensée, la jeune fille lui dit :

— Voilà plus d'un an que je vis près de vous. Vous devez me connaître et savoir que si j'ai suivi votre fils, c'est pour ne plus faire de mal aux hommes. Mon unique ambition, c'est de transmettre à ma famille un peu de l'honneur que vaudra à votre fils son mérite éclatant.

Mais la mère craignait encore qu'elle ne fût incapable de continuer la race.

— La postérité de l'homme, répondit Siao-ts'ing, lui est conférée par le ciel. Votre fils est favorisé du destin : il doit avoir trois fils. Ce n'est pas pour avoir épousé un fantôme qu'il en sera privé.

Mme Gning n'en demanda pas davantage et parla de son projet à son fils qui fut ravi. La nouvelle mariée fut présentée à toute la parenté qui la prit, tant elle était jolie, non pour un fantôme, mais pour une immortelle.

A quelque temps de là, Siao-ts'ing, qui regardait par la fenêtre, se sentit inquiète tout à coup et demanda à son mari où était le sac de cuir.

— J'ai maintenant, ajouta-t-elle, assez d'esprit vital pour n'en avoir plus peur. Il faut le suspendre à la tête de mon lit.

Elle pria Gning de ne pas se coucher cette nuit-là. Il vit soudain descendre une sorte d'oiseau. Siao-ts'ing, effrayée, s'était cachée sous les rideaux du lit. Le monstre était fait de nuit, avec des yeux étincelants et une bouche sanglante. Il s'avançait rapidement mais arrivé à la porte il ralentit sa course, hésita, s'approcha enfin du sac et le prit avec ses griffes comme s'il voulait le déchirer. Il y eut une détonation violente, et le démon s'enfonça dans la nuit.

— Je suis sauvée, dit Siao-ts'ing.

Ils ouvrirent le sac et n'y trouvèrent qu'un peu d'eau pure.

Quelques années plus tard, Gning fut reçu docteur et Siao-ts'ing lui donna un fils. Il prit une seconde femme et eut de chacune un fils encore. Ses trois enfants se firent avantageusement connaître.

Le Lettré Foung-yang

Un lettré du nom de Foung-yang était parti pour un voyage d'études qui devait durer six mois. Au bout de dix mois, on n'avait encore aucune nouvelle de lui, et sa femme était très inquiète.

Une nuit qu'elle allait se mettre au lit, elle aperçut une ombre sur le store éclairé par la lune. Avant qu'elle fût remise de son émotion, le store était soulevé, une jolie fille en robe violette, des perles aux cheveux, entrait et lui adressait la parole en souriant :

— Voulez-vous voir votre mari ? Venez avec moi.

La pauvre femme hésitait encore.

— N'ayez donc pas peur, dit la jeune fille en la prenant par la main.

Et les voilà parties dans la clarté lunaire. La jeune fille marchait vite, la femme avait peine à la suivre, parce que ses souliers la faisaient souffrir. La jeune fille lui prêta les siens qui lui donnèrent des ailes. Bientôt, elles aperçurent le lettré qui venait à elles, monté sur un mulet blanc. Il parut fort surpris de voir sa femme et s'empressa de mettre pied à terre pour lui parler.

— J'allais vous voir, dit-elle.

Il désigna alors la jeune fille, mais sa femme n'eut pas le temps de répondre : la jeune fille lui mit la main sur la bouche en riant et dit :

— Ne la questionnez pas, elle est fatiguée et vous aussi devez être fatigué, et votre monture aussi. Venez donc vous reposer chez moi, j'habite tout près d'ici, et demain, il sera temps de vous remettre en route.

Quelques pas plus loin, ils trouvèrent en effet un village et entrèrent dans une cour. A l'appel de la jeune fille, une servante sortit :

— Il y a clair de lune cette nuit, dit-elle, inutile d'allumer une lanterne. Vous trouverez sur cette terrasse des bancs de pierre pour vous asseoir.

Le lettré attacha son mulet à l'avant-toit et ils s'assirent. Une collation était servie.

— Puisque, après une longue absence, les deux phénix sont réunis, dit la jeune fille, permettez-moi de boire à leur santé.

Le lettré lui rendit raison, bientôt la conversation devint enjouée, et même libre. Il dévorait des yeux la jeune fille et ne cessait de lui dire des douceurs. Si, par accident, son regard rencontrait sa femme, il ne trouvait même pas une froide parole à lui adresser. Les beaux yeux de la jeune fille s'attendrissaient, elle risquait des sous-entendus pleins de promesses, et la femme assise à l'écart feignait de ne rien comprendre. L'entretien devenait de plus en plus familier. Comme la jeune fille présentait au lettré une nouvelle coupe à vider, il dit qu'il avait assez bu. Elle insistait.

— J'y consens, dit-il enfin, mais vous me chanterez une chanson.

Elle ne se fit pas prier, et frappant les cordes du luth d'une lame d'ivoire, elle chanta ainsi :

« Au crépuscule j'achève de déposer ma parure, – La fraîcheur du vent d'ouest passe au travers des stores, – J'entends un murmure. – L'une après l'autre de fines ondées tombent. – Je n'ai personne à qui donner mon chant. – Ma pensée fend les flots d'automne, – Je ne le vois pas revenir. – Mes larmes pleuvent comme la graine du chanvre. – C'est à lui que je pense, – C'est lui que je regrette. – Jetant en l'air mon soulier brodé de rouge, – Je demande au sort s'il reviendra. »

— Ce n'est, ajouta-t-elle, qu'une chanson populaire, bien indigne de vous, mais elle est à la mode aujourd'hui, et je ne puis mieux faire.

L'air était lascif, l'accent provoquant, le lettré en fut si troublé qu'il avait peine à se contenir. Alors la jeune fille fit semblant d'avoir sommeil ; elle quitta la table ; le lettré se leva et la suivit. Comme ils tardaient à revenir, la servante fatiguée alla se coucher sous la véranda. La femme restée seule, accablée d'humiliation et de douleur, songeait à rentrer chez elle, mais la nuit s'était obscurcie et elle ne se souvenait plus de la route. Elle allait et venait sans savoir que décider, quand elle eut l'idée de s'approcher de la fenêtre. Elle entendit, à l'intérieur, un bruit étouffé qui ne laissait aucun doute, et comme elle prêtait l'oreille, elle reconnut, d'après ses souvenirs personnels, son mari. C'en était trop ; ses mains tremblaient, son cœur battait. Plutôt que de rester là, elle voulut sortir et se cacher dans le fossé de la route pour y mourir en paix. Elle aperçut alors son frère San-leang qui passait à cheval sur la route. Il descendit, et dès qu'elle lui eut dit ce qui se passait, entra dans la cour avec elle, indigné. La porte de la maison était fermée, et l'on entendait à l'intérieur, comme un gazouillement, les doux propos de l'oreiller. San-leang prit alors une pierre grosse comme un boisseau et la lança dans la fenêtre dont la barre fut brisée en plusieurs morceaux. On cria de l'intérieur :

— Il a la tête cassée ! Malheur !

A ces mots, la femme du lettré fondit en larmes :

— Je ne vous avais pas demandé de le tuer. Qu'allons-nous devenir ?

Mais San-leang lui jeta un regard furieux :

— Vous m'avez supplié de venir et j'ai eu pitié de votre chagrin. Voilà que vous prenez le parti de votre mari contre votre frère ? Je ne suis pas d'humeur à suivre les caprices d'une femme.

Et il voulut partir, mais elle le retint par son vêtement :

— Si vous ne m'emmenez pas avec vous, que va-t-il m'arriver ?

Mais San-leang, se débarrassant de son étreinte, la jeta à terre. C'est alors seulement qu'elle s'éveilla et reconnut que ce n'était qu'un rêve.

Le jour suivant, elle demeura muette de surprise en voyant revenir son mari, monté sur un mulet blanc. Il se trouva qu'il avait fait lui-même, cette nuit-là, un rêve qui s'accordait point par point avec celui que sa femme lui racontait. San-leang survint pour voir son beau-frère ; son premier mot fut :

— J'avais rêvé, la nuit dernière, que vous reveniez, et vous voici ; cela m'étonne.

— Heureusement, repartit en souriant Foung-yang, que vous ne m'avez pas tué avec votre grosse pierre.

— Comment le savez-vous ? dit San-leang.

Les trois rêves s'accordaient ; mais on ne sut jamais qui pouvait être la jeune fille.

La Jeune Fille fidèle

Le jeune Kou, de Kin-Ling, avait beaucoup de talent, mais sa famille était sans aucune fortune. De plus, il ne voulait pas quitter sa vieille mère. Au lieu de devenir fonctionnaire, il passait donc ses journées à écrire ou à dessiner pour le compte d'autrui ; les présents qu'il recevait en retour assuraient tout juste leur subsistance à tous deux. A l'âge de vingt-cinq ans, il n'était pas encore marié.

En face de chez lui, une maison était inoccupée depuis longtemps. On apprit un jour qu'une vieille dame et sa fille étaient venues s'y installer. Comme il n'y avait pas d'homme avec elles, on ignorait leur nom. Un jour, comme Kou rentrait, il rencontra une jeune fille qui sortait de chez Mme Kou. Elle pouvait avoir dix-huit ou dix-neuf ans, et elle était d'une finesse et d'une beauté rares. Loin de hâter le pas à la vue du jeune homme, elle demeura impassible. Kou, aussitôt rentré, questionna sa mère.

— C'est, répondit-elle, la jeune fille d'en face. Elle était venue m'emprunter un couteau. Elle et sa mère sont pauvres au-delà de toute expression. Je lui ai demandé pourquoi elle n'était pas mariée ; elle a allégué le grand âge de sa mère qui ne peut se passer d'elle. J'irai demain voir cette dame pour lui parler à cœur ouvert. Si je ne m'abuse, nous pourrons nous charger de sa subsistance.

Le lendemain, Mme Kou rendait visite à sa voisine, très vieille et sourde. Examinant la chambre, elle reconnut qu'il n'y avait aucune sorte de provisions. Elle demanda à la vieille quels étaient leurs moyens d'existence, et celle-ci montra les dix doigts de sa fille. Alors elle se risqua à la prier de venir prendre ses repas chez elle. La vieille dame paraissait disposée à accepter, mais elle alla en parler à sa fille qui, sans mot dire, fit un signe de refus très catégorique. La mère était assez embarrassée en revenant auprès de Mme Kou.

— Ma fille nous trouve sans doute trop pauvres pour accepter un tel service. Elle ne parle pas, ne sourit pas. Belle comme une fleur, froide comme la neige, c'est une singulière créature.

A quelque temps de là, comme Kou était au travail près de sa table, une jeune fille vint lui demander des dessins ; elle était jolie et mutine. A sa question, elle répondit qu'elle habitait en un village voisin. Par la suite, elle revint tous les deux ou trois jours, de plus en plus familière et provocante. Bientôt, elle devint sa maîtresse, sans résistance sérieuse, et l'habitude fut prise. Elle vit un jour passer la jeune voisine et demanda qui elle était.

— Elle est jolie, dit-elle, comment se fait-il qu'elle me fasse peur ?

Quand le jeune Kou rentra chez sa mère, elle lui dit :

— La jeune fille sort d'ici ; elle venait demander du riz. Elle m'a raconté que toute la journée, elle n'ont pas fait de feu. Cela fait vraiment pitié.

Le jeune homme chargea un sac de riz sur son épaule, frappa à la porte et dit qu'il venait de la part de sa mère. La jeune fille remercia à peine, mais le jour même, elle alla voir Mme Kou qu'elle trouva occupée à coudre ; elle se mit à l'aider et à faire le ménage comme une épouse.

Il arriva que Mme Kou eut une tumeur secrète qui la fit beaucoup souffrir : elle criait nuit et jour. La jeune fille vint pour la soigner, lui refaisant son pansement trois et quatre fois par jour sans aucun dégoût.

— Hélas ! dit Mme Kou, où trouverai-je une pareille belle-fille ?

— Votre fils, répondit-elle, est plus dévoué que moi. De pauvres orphelines, ce n'est pas ce qui manque.

— Ce n'est pas mon fils qui aurait pu me soigner ainsi. Et puis, maintenant que je suis près de la tombe et qu'il peut m'arriver malheur d'un moment à l'autre, je m'inquiète de la succession de ma race.

Le jeune homme entrait sur ces mots.

— Nous devons beaucoup à mademoiselle, lui dit-elle, ne l'oubliez pas.

Le jeune homme s'inclina avec respect, mais la jeune fille protesta.

— Vous avez été bon pour ma mère et je ne vous ai pas remercié. Pourquoi me remercier vous-même ?

Kou en conçut plus d'amitié encore pour la jeune fille, mais son attitude l'empêcha absolument de se rapprocher d'elle.

Un jour, comme elle sortait et qu'il la suivait des yeux, elle se retourna tout à coup, avec un sourire coquet. Transporté de joie, il s'élança sur ses traces, la suivit jusque chez elle et la prit dans ses bras. Elle se livra sans résistance. Mais quand le délice fut passé, elle écarta le jeune homme en disant :

— C'est bon pour une fois, non pour deux.

Le lendemain, il voulait revenir, mais elle passa son chemin, sévère et sans retourner la tête. Il en fut ainsi plusieurs jours de suite. Enfin, il réussit à l'emmener en promenade. Mais ses paroles étaient glaciales. Dès qu'ils furent sans témoins, elle lui demanda qui était la petite fille qu'elle avait vue chez lui un jour. Il lui répondit en toute franchise.

— Elle est bien fière, dit-elle, et m'a souvent offensée. Puisque vous êtes son amant, qu'elle renonce à ses manières. Dites-lui de ma part que si elle recommence, c'est qu'elle ne tient guère à l'existence.

Dès que Kou revit sa petite amie, il lui fit la commission en ajoutant :

— Prenez bien garde ; c'est une personne à qui il ne faut pas manquer.

Mais la petite répondit :

— Alors, pourquoi lui avez-vous manqué vous-même ?

— Comment cela ?

— Sans cela, comment vous aurait-elle permis de lui parler de notre amour ?

Le jeune homme n'eut rien à répondre, la petite ajouta :

— Dites-lui à votre tour de ne pas trop faire la fière, ou je saurai bien la prendre en faute.

Le voyant furieux, elle partit.

A quelque temps de là, Kou était seul un soir lorsqu'il vit entrer sa jeune voisine. Elle lui dit en souriant :

— Mon amour pour vous n'est pas éteint. C'est donc la volonté du Ciel.

Il la serrait avec passion contre son cœur, quand soudain, ils entendirent un bruit étouffé de pas. Ils se levèrent en sursaut ; déjà la petite fille poussait la porte et entrait.

— Je viens, dit-elle, contempler une femme vertueuse.

Et s'adressant à le jeune fille :

— Ne cherchez plus à étonner le monde !

Le regard fixe, rougissant jusqu'au cou, celle-ci ne dit pas un mot, mais elle tira très vivement du haut de sa robe un sac de cuir et en sortit un objet de cristal, en forme de manche de cuiller, d'un pied de long. Aussitôt, la petite fille s'enfuit dans la cour, cherchant de tous côtés un refuge. Mais l'autre lança l'objet en l'air. Il y eut un tel fracas d'armes, une subite clarté d'arc-en-ciel et une chute lourde. Le jeune homme était sorti avec une torche : un renard blanc gisait sur le sol, la tête séparée du corps.

— Voilà, dit la jeune fille, votre petite amie. Je l'avais épargnée, pourquoi a-t-elle fait si peu de cas de l'existence ?

Et elle remit le poignard dans sa gaine. Le jeune homme voulait rentrer dans la chambre avec elle, mais elle dit :

— Ces diableries m'ont changé les idées. Attendons jusqu'à la nuit prochaine.

Le lendemain, elle ne manqua pas au rendez-vous, et ils s'unirent d'amour. Comme Kou lui demandait sa recette magique, elle répondit :

— Ce sont des choses que vous ne pouvez apprendre et sur lesquelles il faut mieux garder le secret. En vous les révélant, je craindrais de vous attirer du malheur.

Il lui parla ensuite du mariage, mais elle répondit :

— L'oreiller et la natte, et les soins de la maison, n'est-ce pas le mariage ? Ne suis-je pas déjà votre femme ? Pourquoi parler de noces ?

— C'est peut-être, dit-il, que vous me trouvez trop pauvre ?

— Si vous êtes pauvre, suis je donc riche ? Et si je viens vous rejoindre la nuit, est-ce que je dédaigne votre pauvreté ?

Au moment de le quitter, elle lui dit encore :

— Ce sont là des légèretés dont il ne faut pas abuser. Quand je voudrai venir, je viendrai. Sinon, vous ne gagnerez rien à aller contre ma volonté.

Par la suite, elle se refusa toujours aux entretiens intimes, sans jamais cesser, si un vêtement était déchiré, ou s'il fallait allumer le feu, d'accomplir sa tâche encore mieux qu'une épouse.

Quelques mois plus tard, elle perdit sa mère et resta seule au monde. Le jeune homme parvint à assurer une sépulture à la défunte. Craignant que son isolement ne mît la jeune fille en danger, il franchit le mur et l'appela par la fenêtre, à plusieurs reprises ; il n'y eut pas de réponse. La porte était fermée. Pensant qu'elle avait peut-être une autre liaison, il revint la nuit et trouva même accueil ; il laissa alors sur l'appui de la fenêtre son insigne de jade. Le lendemain, il la rencontra chez sa mère. Quand il sortit, elle le suivit et lui dit :

— Vous avez douté de moi. Chacun de nous a ses pensées qu'il ne peut révéler. Je voudrais bien vous enlever vos soupçons, mais comment faire ? Cependant, il y a une chose dont je veux vous remettre le soin sans tarder.

— Qu'est-ce donc ?

— Je suis enceinte de huit mois. D'un moment à l'autre, je puis m'étendre sur la couche et je ne suis pas mariée : je puis bien vous donner un enfant, mais non l'élever. Voulez-vous charger en secret votre mère de chercher une nourrice ? Dites que c'est votre fils adoptif ; ne parlez pas de moi.

Le jeune homme rapporta tout à sa mère, qui s'écria :

— Singulière jeune fille ! Elle refuse le mariage et se soumet à tout pour nous. C'est bien volontiers que je l'assisterai comme elle le demande.

A moins d'un mois de là, la jeune fille demeura plusieurs jours sans sortir. Mme Kou, devinant ce qui avait dû arriver, se rendit chez elle. On mit longtemps à lui ouvrir. Enfin, la jeune fille parut, les cheveux défaits, les traits tirés, la fit entrer et referma la porte avec soin. Un nouveau-né était sur le lit.

— Il a trois jours, dit-elle.

Et elle le dépouilla de ses langes : c'était un garçon au menton fort et au front large.

— Ce sera, dit Mme Kou, mon petit-fils adoptif. Voulez-vous me le donner ?

— Pas tout de suite, répondit-elle, car il faut garder le secret. Venez le chercher la nuit quand personne ne pourra vous voir.

Ainsi fut fait.

Quelques jours plus tard, vers minuit, la jeune fille vint frapper à la porte de son ami ; elle portait à la main le sac de cuir, et souriait.

— La grande chose est accomplie, dit-elle. Je viens vous faire mes adieux.

Il la pressait de questions.

— Votre bonté envers ma mère, répondit-elle, ne s'est jamais effacée de mon cœur. Quand je vous disais une fois et non pas deux, c'est que la reconnaissance ne se manifeste pas dans le lit. Votre pauvreté vous empêchait de m'épouser, j'ai voulu cependant continuer votre race. Je pensais d'abord réussir tout de suite ; je ne prévoyais pas la déception. C'est pourquoi je me suis décidée à manquer une seconde fois à la chasteté. Aujourd'hui, votre vertu a reçu sa récompense, et ma volonté est accomplie. Je ne regrette rien.

Il lui demanda ce qu'il y avait dans le sac.

— C'est, dit-elle, la tête de mon ennemi.

Elle ouvrit le sac : Kou aperçut des cheveux mêlés et collés de sang. Au comble de la terreur, il insista pour tout savoir.

— Si je ne vous ai rien dit jusqu'ici, répondit-elle, c'est qu'en vous apprenant mon projet, je craignais qu'il ne demeurât pas secret. Maintenant que c'est chose faite, je puis tout vous dire. Je suis née au Tche-kiang. Mon père, qui était général, a été ruiné par un ennemi. Ses biens ont été confisqués. J'ai pu me sauver seule, en emmenant ma mère, et suis venue me réfugier ici en cachant mon nom. Trois ans ont passé ainsi : si je ne me suis pas vengée aussitôt, c'est à cause de ma vieille mère. Quand elle n'a plus été là, cette servitude du ventre m'a forcée de différer encore. L'autre nuit, quand j'étais partie, c'était pour reconnaître les lieux qui ne m'étaient plus bien familiers.

Elle partit sur ces mots, en lui recommandant encore de bien garder l'enfant.

— Votre destin est court, et vous n'atteindrez pas la vieillesse. Mais il peut illustrer votre race. A ma mère et à moi, l'obscurité ne fait pas peur.

Désolé, il voulait encore lui demander où elle allait, mais déjà elle avait disparu comme un éclair. Le jeune homme restait immobile, comme s'il eût perdu l'esprit. Le lendemain, il rapportait cet entretien à sa mère et ils ne purent que pleurer.

Trois ans après, Kou mourait en effet. Son fils était reçu licencié à dix-huit ans et faisait honneur à sa grand-mère jusqu'à la fin de sa vieillesse.

Houng-yuh

A Kouang-ping vivait un vieillard nommé Foung, avec son fils dont le prénom était Siang-jou. Tous deux avaient leurs grades universitaires. Le père, âgé d'une soixantaine d'années, était un homme à principes ; il n'avait aucune fortune. Tous deux devinrent veufs à peu d'années d'intervalle, et les soins du ménage leur échurent.

Un soir que Siang-jou était assis au clair de lune, il vit venir, de l'autre côté de la clôture, la fille de son voisin de l'est. Il l'examina à la dérobée, et la trouva belle. Il s'approcha ; elle sourit un peu. Il lui fit signe ; elle ne vint pas, mais ne s'en allait pas non plus. Après quelques façons, elle se décida à franchir la barrière et le suivit dans sa chambre. Son nom était Houng-yuh. Fort épris, le jeune homme échangea avec elle la promesse d'un éternel amour. Elle vint chaque nuit, et leur liaison durait depuis plus de six mois, lorsqu'une nuit, le père s'éveilla : il entendit causer et rire dans la chambre de son fils. Il s'approcha et aperçut la jeune fille. Alors, indigné, il appela son fils dehors.

— Est-ce pour cela que je vous ai élevé ? Dans la misère où nous sommes, au lieu de travailler de toutes vos forces, voilà que vous faites le débauché ! Si on l'apprend, vous êtes perdu d'honneur. Si on n'en sait rien, vous n'en abrégez pas moins votre existence.

Siang-jou était tombé tout en pleurs aux pieds de son père. Mais celui-ci s'adressant à la jeune fille :

— Une jeune fille qui se conduit mal se déshonore et déshonore ceux qui l'approchent. Quand votre faute apparaîtra, c'est ma maison qui sera couverte de honte.

Quand il fut parti, toujours furieux, la jeune fille, fondant en larmes, dit à son ami :

— Les reproches de votre père m'accablent : il faut nous séparer.

Il répondit :

— Tant que mon père vivra, je ne serai pas libre. Si vous m'aimez, prenons patience, et cachons-nous.

La jeune fille ne pouvait parler ; il éclata en sanglots à son tour ; alors elle le calma.

— Nous n'avons pas eu pour nous fiancer d'intermédiaires ni le consentement de nos parents. Ceux qui ont franchi les barrières pour se rejoindre n'unissent pas leurs cheveux blancs. Mais je sais dans le pays un beau parti pour vous.

— Je suis bien pauvre, dit Siang-jou.

— Cela ne fait rien, répondit-elle. Attendez-moi la nuit prochaine, j'arrangerai votre affaire.

La nuit suivante, elle revint et lui remit quarante taels.

— A vingt-quatre lieues d'ici, vous trouverez, dans le village de Wou, une famille Wei dont la fille a dix-huit ans. Si on n'a pu la marier encore, c'est à cause des trop grandes prétentions des parents. Avec un beau présent, vous êtes sûr de tomber d'accord.

Elle partit là-dessus. A la première occasion, Siang-jou parla de ce projet à son père, mais sans rien dire de l'argent qu'il avait caché.

— Nous sommes trop pauvres, objecta Foung.

— Il ne coûte rien d'essayer, répliqua Siang-jou.

Foung se laissa persuader. Siang-jou loua donc un valet et des chevaux, et se rendit chez les Wei qui étaient de riches propriétaires. Le père reconnut aisément en lui un jeune homme de bonne famille, et son brillant équipage le disposait en sa faveur, mais il se demandait s'il serait assez généreux. Siang-jou, devinant la raison de son hésitation, vida sa bourse sur la table. Aussitôt, le vieux Wei changea de visage et appela un voisin pour signer le contrat. Siang-jou fut présenté à sa future belle-mère et à sa fiancée qu'il trouva charmante. De retour chez son père, Siang-jou lui dit que les Wei étaient des gens modestes et qu'ils n'avaient demandé aucun présent. Au jour convenu, les Wei amenèrent leur fille qui se montra respectueuse et obéissante. Les deux époux vécurent dans une parfaite harmonie, et au bout de deux ans, il leur était venu un fils, nommé Fou-eul.

Au jour de la fête des morts, la mère avec son fils était allée visiter les tombes de sa famille. Elle rencontra un notable du pays nommé Soung. C'était un ancien censeur impérial destitué pour concussion et retiré dans son village, où l'on redoutait fort sa cruauté. Il remarqua la jeune femme et, ayant appris qui elle était, il pensa qu'un lettré pauvre comme Siang-jou ne serait pas insensible aux présents. Il envoya donc un de ses domestiques lui donner à entendre ce qu'il désirait. Aux premiers mots, la colère se peignit sur le visage de Siang-jou, puis songeant à la lutte inégale avec un tel adversaire, il se contint et affecta de rire. Mais lorsqu'il rapporta ce qui s'était passé à son père, le vieillard sortit en fureur, et trouvant le domestique encore dans la rue l'accabla d'injures si violentes, que l'autre prit la fuite, épouvanté. Cette algarade ne fut nullement du goût de Soung qui envoya des hommes à lui chez Foung, pour les battre. Au bruit, la jeune femme, laissant son enfant sur le lit, accourut les cheveux épars, criant au secours. Les hommes de Soung se saisirent d'elle aussitôt et l'emportèrent à la faveur du tumulte. Le père et le fils blessés gémissaient à terre, l'enfant vagissait dans la chambre ; les voisins, en grande pitié, ramassèrent les victimes et les mirent au lit. Après quelques jours, le jeune homme pouvait se lever et marcher appuyé sur une canne. Mais le vieillard, de colère, ne mangeait pas, vomissait le sang et finit par mourir. Siang-jou, désolé, prit l'enfant avec lui et alla porter plainte de tribunal en tribunal : jamais il ne put rien obtenir. Pour comble d'infortune, il apprit bientôt que sa femme avait préféré la mort au déshonneur. Le chagrin le serrait à la gorge, sans trêve ni merci. Souvent il songeait à tuer Soung en pleine rue ; mais la foule de brigands dont son ennemi était entouré lui donnait à réfléchir, et il n'avait personne à qui confier l'enfant. Nuit et jour plongé en ses tristes pensées, il ne fermait pas l'œil un instant.

Un homme vint lui faire une visite de condoléances. Il avait des cheveux noués en chignon, le menton large. Siang-jou, qui ne le connaissait pas, le fit asseoir et lui demanda son nom. L'autre dit brusquement :

— Vous avez vu tuer votre père, enlever votre femme. Ne songez-vous pas à la vengeance ?

Craignant d'avoir affaire à un espion de Soung, Siang-jou fit une réponse évasive, mais l'autre se fâcha, les yeux lui sortaient de la tête, et il se leva en criant :

— Je vous prenais pour un homme, vous n'êtes qu'un misérable.

Le jeune homme, abasourdi, se jeta à genoux et le supplia de rester.

— En vérité, je craignais que Soung n'eût envoyé un homme pour me perdre. Je vais vous ouvrir mon cœur. Voilà des jours et des nuits que je couche sur les épines et me repais de fiel. Mais j'ai pitié de ce petit être et je crains la fin de ma race. Vous qui êtes juste, ne pourriez-vous prendre soin de lui à ma place ?

— Ce sont là soins de femme ou de jeune fille, je ne m'en mêle pas. Ce que vous voulez remettre aux autres, faites-le plutôt vous-mêmes, et ce que vous vouliez faire vous-même, je me charge de l'accommoder pour vous.

Siang-jou, déconcerté, restait à terre, que l'autre était déjà parti sans tourner la tête. Siang-jou s'élança après lui, pour savoir au moins son nom. Il n'en tira que cette réponse :

— Si je ne vous viens pas en aide, vous n'avez rien à me reprocher ; si je vous viens en aide, vous ne me devez aucune reconnaissance.

Et il disparut. Siang-jou, craignant un malheur, prit la fuite avec son enfant.

La nuit suivante, comme tout dormait dans la maison de Soung, un malfaiteur inconnu franchit portes et barrières, et massacra l'ancien censeur impérial, ses deux fils, sa belle-fille et une servante. Très ému de cette affaire, le gouverneur donna ordre d'arrêter Siang-jou que les gens de Soung dénonçaient nettement. A son logis, il n'y avait plus personne : l'affaire n'en parut que plus claire, et les gens de Soung se joignirent aux soldats du gouverneur pour fouiller le pays à la recherche du coupable. Une nuit qu'ils parcouraient les montagnes du sud de la ville, ils entendirent des pleurs d'enfant. Guidés par eux, ils découvrirent Siang-jou, l'arrêtèrent, se mirent en marche avec leur prisonnier. Mais comme l'enfant criait de plus en plus, ils s'en débarrassèrent en chemin, malgré le désespoir du père.

Conduit devant le gouverneur et interrogé sur le motif de son crime, Siang-jou répondit

— Je proteste contre l'accusation. Le meurtre a été commis dans la nuit et j'étais sorti en plein jour. De plus, avec un enfant dans mes bras, comment pouvais-je sauter des murs et égorger des gens ?

— Si vous n'êtes pas coupable, pourquoi avez-vous pris la fuite ?

Siang-jou ne put donner d'explication : il fut jeté en prison. Il disait en pleurant :

— Que je meure, peu importe, mais quel est le crime de mon enfant ?

— Vous-même, répondit le gouverneur, n'avez-vous pas tué le père avec l'enfant ?

Dépouillé des insignes de son grade, chargé à plusieurs reprises de la cangue, il n'avoua rien.

Dans la nuit, le gouverneur fut éveillé tout à coup par un objet qui venait de frapper son lit avec le bruit de la foudre. Il appela, ses gens accoururent, et à la clarté des torches, on découvrit un court poignard, aigu et tranchant comme un cristal de givre, enfoncé de plus d'un pouce dans le bois du lit d'où on ne put le retirer. Le gouverneur, à cette vue, faillit s'évanouir. L'épée à la main, il parcourait la maison sans trouver aucune trace. Très troublé, et n'ayant d'ailleurs plus rien à craindre de la famille Soung, puisqu'elle était anéantie, il se décida à rédiger un rapport aux autorités supérieures, où il concluait à l'innocence de Siang-jou, et le fit relâcher aussitôt.

Siang-jou retrouva sa maison dans le plus complet dénuement : il ne voyait que son ombre sur les murs. Par charité, les voisins lui donnèrent de quoi subsister. Livré au caprice de ses pensées, tantôt songeant à l'éclatante vengeance qui venait de s'accomplir, son visage s'éclairait d'un malin sourire ; ou bien, au souvenir du malheur qui avait détruit son foyer, ses larmes coulaient longuement. Mais quand il réfléchissait que, réduit pour le restant de sa vie à la noire misère, il perdait encore l'espoir d'une postérité, il allait dans un endroit désert pour gémir à son aise, jusqu'à ce que la voix lui manquât.

Il vécut ainsi pendant six mois. L'affaire étant alors à peu près assoupie, il osa présenter une requête au gouverneur pour ramener au tombeau des Wei la dépouille mortelle de sa femme. Au retour de cette triste cérémonie, ne souhaitant plus que la mort, il se roulait avec désespoir sur son lit solitaire, quand il entendit frapper à la porte. Prêtant l'oreille, il distingua au dehors une voix qui semblait parler à un petit enfant. Il se leva pour ouvrir vivement et crut voir devant la porte une jeune fille qui, prenant la parole aussitôt, le félicita d'avoir pu se justifier si heureusement d'une accusation redoutable. La voix ne lui était pas inconnue, mais dans son trouble, il ne retrouvait pas ses souvenirs. Il fit de la lumière et reconnut Houng-yuh. Elle tenait par la main un petit enfant qui jouait contre sa jupe. Siang-jou n'avait pas encore ouvert la bouche pour questionner que l'enfant s'accrocha à la jeune femme en criant. Contrariée, elle le repoussa :

— Tu as donc oublié ton père ?

Mais l'enfant, cramponné à sa robe, regardait l'étranger avec des yeux brillants. Siang-jou l'examina de plus près : c'était son petit Fou-eul.

— D'où vient-il ? demanda le jeune homme avec des larmes de surprise.

— Je vais vous dire la vérité, répondit Houng-yuh. Je ne suis pas, comme je vous l'ai raconté jadis, la fille de votre voisin, mais une renarde. Une nuit, j'ai trouvé sur mon chemin cet enfant qui pleurait au fond d'une vallée, je l'ai pris avec moi, l'ai élevé, et ayant appris que vous étiez hors de danger, je vous le ramène pour reformer une famille.

A l'aurore, elle se leva en hâte.

— Je m'en vais, dit-elle.

Siang-jou tout dévêtu se jeta à genoux à la tête du lit, sanglotant à ne pouvoir lever les yeux. Elle sourit :

— Ce n'était pas vrai. Mais quand on a un

foyer à reconstruire, il faut se lever tôt et se coucher la nuit.

Et elle se mit à arracher la mauvaise herbe, à balayer, avec l'énergie d'un homme. Siang-jou se plaignait de sa pauvreté qui ne lui donnait pas de quoi vivre.

— Je ne vous demande, dit-elle, que d'étudier sans vous soucier d'être riche ou pauvre, pourvu que vous ne mouriez pas de faim.

Elle tira de l'argent de sa bourse, acheta un métier à tisser, prit à ferme plusieurs arpents de terre, loua des ouvriers pour défricher, sarcler, réparer la maison, travaillant sans relâche. Les gens du village, la voyant si active, lui faisaient crédit volontiers. Au bout de six mois, le domaine était prospère. Siang-jou lui dit alors :

— Ce qui n'était plus que cendres éteintes a été restauré par le travail de vos mains. Pourtant, j'ai encore un souci : la date des examens approche, et mon grade ne m'a pas encore été rendu.

— J'y ai pourvu, répondit-elle en souriant. L'examinateur a reçu quatre pièces d'or, et votre nom a été rétabli sur la liste. Si j'avais attendu que vous m'en parliez, j'aurais laissé passer le moment.

Siang-jou passa ensuite avec succès l'examen supérieur. Il avait alors trente-six ans, possédait de nombreux champs et de beaux bâtiments de culture. Sa femme était si délicate qu'un souffle d'air, semblait-il, eût pu l'enlever, mais elle travaillait plus qu'une femme de laboureur, même au fort de l'hiver, et pourtant, ses mains restaient douces et tendres. Elle se donnait trente-huit ans d'âge, mais en paraissait vingt à peine.

Lin la Quatrième

Le tao-tai de Ts'ing-tcheou, nommé Tch'en Pao-yoh, veillait seul un soir dans sa chambre, lorsqu'il vit soulever la tenture. Une jeune fille inconnue était devant lui. Elle était belle et portait le costume de cour à longues manches.

— Par cette belle nuit, dit-elle en souriant, pourquoi rester seul ainsi ?

— Qui êtes-vous ? répondit Tch'en effrayé.

— Je n'habite pas loin d'ici, du côté de vos voisins de l'ouest.

Tch'en comprit que c'était un fantôme, mais comme elle lui plaisait, il l'attira par une de ses longues manches et la fit asseoir près de lui. Elle s'exprimait en un fort joli langage. Tch'en, de plus en plus séduit, la prit dans ses bras ; elle fit à peine mine de résister, mais dit en regardant autour d'elle :

— Il n'y a personne ?

— Personne, répondit Tch'en en fermant vite la porte.

Il la pressait de dégrafer sa robe, et comme elle semblait intimidée, c'est lui qui prit ce soin, en grande hâte.

— J'ai vingt ans, disait-elle, mais je suis jeune fille encore.

La natte rougie en témoigna bientôt. Ils causèrent alors, la tête sur l'oreiller.

— Mon nom, dit-elle, est Lin la Quatrième.

Et comme il la pressait de questions, elle ajouta :

— J'avais été sage toute ma vie, et voilà que pour vous j'ai consommé mon déshonneur. Si vous avez de l'amitié pour moi, nous pourrons rester unis pour de longs jours, mais il ne faut pas m'interroger sans cesse.

Peu après le chant du coq, elle se leva et disparut. Elle revint ensuite chaque nuit. La porte close, ils devisaient agréablement. Etant venus à parler de musique, il se trouva qu'elle savait ses notes. Tch'en lui demanda si elle avait appris la musique.

— Oui, dans mon enfance, dit-elle, mais voilà bien longtemps que je n'ai plus eu affaire aux notes ni à la mesure. Je dois avoir tout oublié, et prêterais à rire à un connaisseur comme vous.

Cependant, comme il insistait, elle baissa la tête, et battant la mesure de la main, se mit à chanter de vieux airs de l'époque des T'ang. Sa voix était délicate et mélancolique. En finissant, elle fondit en larmes. T'chen, très ému lui aussi, la tenait embrassée et tâchait de la consoler.

— Ne faites plus, disait-il, cette musique funeste qui met des sanglots dans la gorge.

— Les sons, répondit-elle, expriment la pensée. Ils ne peuvent être gais quand elle est triste, non plus que tristes si elle est joyeuse.

Ils s'entendaient ensemble mieux que deux époux. Bientôt, les gens de la maison, entendant chanter la nuit, vinrent écouter à la porte : ils pleuraient, eux aussi. La femme de Tch'en vint à son tour et jeta un coup d'œil dans la chambre : elle reconnut aussitôt que cette beauté magique ne pouvait appartenir à ce monde ; ce ne pouvait donc être qu'un fantôme ou une renarde. Craignant une possession diabolique, elle pria son mari de rompre cette amitié. Il n'en fit rien, mais se remit à questionner la jeune fille qui dit fort tristement :

— Je suis une princesse du palais de Heng, et je suis morte, par accident, en ma dix-septième année. Pour votre haute vertu, j'ai voulu tenir auprès de vous la place d'une petite épouse, mais je ne veux pas faire votre malheur. Si vous avez peur de moi, il faut nous séparer.

— Je ne doute pas de vous, répondit-il. Mais quand on s'aime comme nous, on ne doit rien se cacher.

Alors, il l'interrogea sur le palais où elle avait vécu, et elle lui donna toute sorte de détails qu'il écoutait sans se lasser. Mais s'il lui parlait du terme de son épreuve terrestre, elle était prise de sanglots et ne pouvait continuer.

Elle ne dormait guère, et chaque nuit, en se levant, récitait des prières bouddhiques. Il lui demanda si, au pays des sources souterraines, on faisait encore son salut.

— Comme sur terre, dit-elle. Après une vie malheureuse, je tâche de sauver ma prochaine existence.

Souvent aussi examinaient-ils ensemble des poèmes. Elle relevait chaque faute, et parvenue à un beau passage, le déclamait avec des intonations si délicates et si élégantes, un accent si juste et un sentiment si pénétrant, qu'on ne pouvait se lasser de l'entendre. Il lui demanda si elle avait fait des vers.

— Au temps de ma vie, dit-elle, cela m'est arrivé.

Il la pria d'en faire pour lui ; elle sourit.

— Les paroles d'une jeune fille ne sauraient être dignes d'un homme éminent.

Trois années se passèrent ainsi. Mais un soir, elle annonça tout à coup son départ.

— C'est, dit-elle, l'ordre du roi des enfers. Comme ma précédente vie avait été sans péché et que je n'ai cessé de faire mes prières, il me fait revenir au jour. Il faut nous quitter cette nuit même, et je ne vous reverrai jamais.

Elle se tut, accablée de tristesse, et Tch'en pleurait. Ils burent ensemble une dernière coupe, et elle chanta avec passion. L'air était d'une mélancolique douceur et longuement modulé. Aux endroits pathétiques, elle était prise de sanglots. Maintes fois, elle dut s'arrêter, et maintes fois reprendre, avant d'arriver jusqu'au bout. Sans vider la coupe, elle hésitait à partir, et il le retenait. Elle s'était assise pour un instant encore, quand le coq chanta.

— Je ne peux, dit-elle, rester davantage. Mais puisque vous avez été surpris quand j'ai refusé de vous offrir un poème, maintenant que nous allons nous quitter, je vais essayer d'en composer un pour vous.

Elle prit un pinceau et se mit à l'œuvre.

— Mon cœur est triste et ma pensée troublée, dit-elle. Je ne puis observer la cadence ; l'harmonie est fausse et le rythme incorrect ; ne montrez cela à personne.

Et cachant son visage sous sa manche, elle s'en alla. Il l'accompagna jusqu'au dehors, où elle s'effaça comme un brouillard.

La poésie, d'une écriture élégante, disait :

« Enfermée au palais profond et pur, à dix-sept ans, – Est-ce vers le pays natal qu'elle interroge le ciel bleu ? – Entre les toits du palais elle aperçoit les arbres élevés, – En pleurant elle écoute le coucou chanter, qui fut un roi jadis. – Le royaume de la mer s'agite sous le soleil qui s'incline. – Dans les maisons de la ville tambours et flûtes sonnent et les lumières paisibles s'allument. – Ne soyez pas cruels à une faible femme ! – Corps parfumé, cœur affligé, elle ne sait que prier, – Récitant chaque jour cent et mille versets du rituel, – Lisant deux et trois chapitres du livre écrit sur feuilles de figuier, – A voix haute chantant les airs de T'ang pour dire son chagrin. – Et vous, si vous m'entendez dans la solitude, je vous demande de pleurer aussi. »

Le Taoïste

M. Han était un homme du monde, qui aimait la société. M. Siu, qui habitait au même quartier, allait souvent boire chez lui. Un jour qu'ils se trouvaient réunis, un moine taoïste agitant son écuelle de bronze passa devant la porte. Les gens de service lui jetèrent de l'argent et du riz, mais il n'en voulut pas, et restait là. Les domestiques se fâchèrent et rentrèrent sans s'occuper de lui davantage. Mais Han, qui avait entendu le bruit de la querelle, demanda à ses gens ce qui était arrivé ; ils le lui dirent, et au même instant, le moine survint. Han le pria de s'asseoir ; le moine obéit, après avoir salué de la main le maître et le convive. On l'interrogea et on apprit qu'il habitait, à l'est du faubourg, un temple en ruine.

— Quand donc, fit Han, êtes vous allé percher là ? Je n'en savais rien et m'accuse d'avoir manqué à vous rendre visite.

— Je viens, répondit l'autre, de la campagne et n'ai pas de relations. Mais ayant entendu parler de votre générosité, j'ai eu le désir d'être invité par vous.

Han fit apporter une tasse, et le moine se révéla buveur de premier ordre. Siu, en voyant ses habits usés, se montra à peine poli, car il était un peu orgueilleux ; mais Han lui faisait le meilleur accueil. Le moine but d'un trait plus de vingt tasses et prit congé. Depuis lors, il fut de chaque réunion. S'agissait-il de manger, il mangeait ; de boire, il buvait. Han lui-même était ennuyé de son indiscrétion. Un jour qu'on était à table, Siu lui dit pour se moquer :

— Vous êtes depuis longtemps notre convive. Ne nous recevrez-vous pas une fois à votre tour ?

Le moine sourit et répondit :

— Je suis comme vous, je n'ai que mes deux bras pour nourrir mon bec.

Siu embarrassé ne trouva rien à répondre ; le moine poursuivit :

— Tout de même, j'en ai depuis longtemps le désir sincère, il faut nous réunir et je ferai mon possible pour vous offrir quelques tasses d'eau claire.

En partant, il leur donna rendez-vous pour le lendemain à midi. Ils doutaient de sa promesse, mais le trouvèrent qui les attendait sur la route. Ils entrèrent dans une sorte d'enceinte neuve, où les pavillons se pressaient comme des nuages, et s'en montrèrent surpris.

— Voilà longtemps que nous n'étions venus. Depuis quand ces réparations ?

— Pas longtemps.

Puis ils entrèrent et trouvèrent un luxe que les plus riches maisons n'atteignent pas, et qui les saisit d'admiration. Une fois assis, un repas leur fut servi par seize jeunes garçons aux robes brodées, aux souliers rouges. Tout était excellent et en abondance. Ensuite, un autre enfant offrit des fruits précieux et inconnus, sur des plats de cristal de roche et de jade, et plaça sur les lits et la table des tasses de verre d'un pied de tour. Le moine dit :

— Faites venir les sœurs Cheh.

L'enfant sortit, et après un instant, deux jolies filles entrèrent, l'une mince et grande comme un saule, l'autre petite et toute jeune ; toutes deux élégantes et fines. Le moine les pria de chanter pour engager à boire. La petite battait la mesure et chantait ; la grande l'accompagnait sur la flûte, de sons délicats et purs. Quand elles eurent fini, il prit une coupe et les força à boire, à plusieurs reprises, après quoi il leur demanda si elles savaient encore danser depuis le temps. Aussitôt, les jeunes garçons étendirent à terre des tapis, et les jeunes filles dansèrent, leurs longues robes flottant sur le sol, un nuage de parfum répandu autour d'elles. Ensuite, elles restèrent appuyées de biais à un paravent peint. Han et Siu sentaient leur cœur s'élargir et leur âme s'envoler, d'autant qu'ils étaient légèrement gris. Le moine, de son côté, sans faire attention à ses convives, vidait son verre ; puis il se leva en leur disant :

— Je vous prie de vous servir vous-mêmes un instant, je vais me reposer et je reviens.

Aussitôt, il alla se faire dresser, contre le mur du sud, un lit de nacre, et les jeunes filles ôtant leurs chemises brodées se mirent en devoir d'en éventer son sommeil. Puis il invita la grande à se coucher près de lui, ordonnant à la petite de se tenir debout auprès du lit comme une servante attentive. Les deux invités, à cette vue, ne purent garder leur calme, et Siu cria à haute voix au moine qu'il était vraiment sans gêne et qu'il allait le corriger. Le moine aussitôt se leva et disparut. Voyant la petite debout près du lit, Siu, dans son ivresse, l'entraîna vers le lit du nord et la pris dans ses bras sans se cacher, en criant à son ami :

— Pourquoi tant de façons ?

Han s'approcha du lit où l'autre jeune fille était profondément endormie ; il la secoua, elle ne bougea pas ; il la serra dans ses bras. Le ciel s'éclaira, le songe d'ivresse se dissipa. Il s'aperçut qu'il étreignait un objet froid et glacé. Il regarda : c'était une longue dalle. Il était étendu au bord du perron. Il regarda Siu, qui était encore endormi, ayant pour oreiller un siège de pierre, doucement couché au milieu d'un édicule en ruine. Il l'éveilla d'un coup de pied, et très effrayés, ils regardèrent autour d'eux : il n'y avait que des bâtiments abandonnés et des chambres démolies.

Nuée-volante

Tchen-yu, fils de Hiao-lien, était un jeune homme instruit et bien élevé, qui, dès sa jeunesse, avait obtenu ses grades universitaires. Il n'était encore qu'un enfant, quand un diseur de bonne aventure avait fait à son sujet la prédiction suivante :

— Quand viendra le temps du mariage, une nonne sera son épouse.

Le père et la mère n'avaient fait qu'en rire. Mais par la suite, il refusa tous les partis qui lui étaient offerts.

Un jour qu'il était allé voir sa grand-mère, dans un village voisin, il recueillit en route ce dicton :

Près d'ici sont quatre nuées,
L'une vaut mieux que ses aînées.

Il y avait en effet dans le canton, à une lieue et demie du village, un couvent de nonnes taoïstes, toutes renommées pour leur beauté. Le jeune homme, quand on lui eut donné cette explication, fut tenté par la curiosité, et se rendit en secret au couvent. Il frappa à la porte, et quatre nonnes vinrent le recevoir en grande civilité. Toutes quatre étaient jolies et avenantes, mais la plus jeune d'une beauté rare. Tchen-yu ne la quittait pas des yeux, et la jeune fille, le menton dans sa main, regardait ailleurs pendant que ses compagnes s'empressaient aux tasses et au thé. Tchen-yu profita de leur occupation pour demander son nom à la jeune religieuse :

— Nuée-volante, répondit-elle, et mon nom de famille est Tch'en.

— C'est curieux, dit Tchen-yu par manière de plaisanterie, j'ai moi-même pour nom de famille P'an, comme le fiancé de la chaste religieuse Tch'en Miao-tchang dans l'histoire.

Le rouge monta aux joues de la jeune fille, elle baissa la tête sans mot dire, puis se leva et disparut. Les autres servaient à ce moment le thé et la collation. La plus âgée, qui pouvait avoir une trentaine d'années, se présenta sous le nom de famille de Poh, et le prénom de Nuée-profonde. La seconde se nommait Cheng, de son prénom Nué-dormante, et la troisième, âgée de vingt-quatre ou de vingt-cinq ans, Leang, de son prénom Nuée-élevée. Mais Nuée-volante avait disparu.

— C'est, expliqua Nuée-profonde, qu'elle a peur des hommes.

Tchen-yu voulait partir ; l'aînée des religieuses le retint. Il s'obstina.

— Si vous voulez voir Nuée-volante, lui dit-elle, revenez demain.

Le lendemain, Tchen-yu se présenta de nouveau à la porte du couvent. Toutes les nonnes s'y trouvaient à l'exception de la plus jeune. Sans lui laisser le temps de s'informer sur elle, on l'invitait à dîner. Il s'excusait, mais déjà le couvert était mis, la galette rompue. Il put enfin demander où était Nuée-volante.

— Elle va venir, dit Nuée-profonde.

— Chaque fois qu'il voulait partir, on lui donnait cette espérance et on le retint ainsi jusqu'a la nuit close. Il feignit alors, pour avoir la paix, d'être ivre et de tomber de sommeil. Nuée-dormante s'était retirée. Les deux autres se mirent en devoir de le déshabiller et, tour à tour, elles se livrèrent à la violence de leur désir. De toute la nuit, elles ne lui laissèrent pas de repos. A l'aube, il partit sans demander son reste et de plusieurs jours il n'osa revenir.

Cependant, il ne pouvait oublier Nuée-volante et, bien des fois, vint rôder près du couvent. Un jour enfin, vers le coucher du soleil, il aperçut Nuée-profonde qui sortait, accompagnée d'une servante. Nuée-élevée lui faisait moins peur. Il alla donc bien vite frapper à la porte. Ce fut Nuée-dormante qui vint lui ouvrir ; elle consentit à le conduire auprès de Nuée-volante, mais la porte de son pavillon était fermée et ne s'ouvrit pas.

— Restez ici, dit-elle, je crois qu'elle va venir parler par la fenêtre.

Elle se retira. Nuée-volante parut alors à la fenêtre et dit :

— On se sert de moi comme d'une amorce pour vous attirer. Si vous venez souvent, vos jours seront en danger. Je ne pourrai garder toujours ma vertu, je n'ose entrer en lutte ouverte avec le vice. Si je trouvais un homme comme le P'an Fa-tcheng de l'histoire, je serais à lui.

Tchen-yu lui jura fidélité jusqu'à l'âge des cheveux blancs.

— J'ai, répondit-elle, un maître qui m'a élevée, voilà la difficulté. Si vraiment vous me faites l'honneur de m'aimer, il faudrait vingt pièces d'or pour me racheter. Je vous attendrai trois ans. Mais si vous comptez me séduire, renoncez-y, c'est impossible.

Le jeune homme accepta la condition, mais comme il allait s'expliquer mieux, l'autre religieuse revint.

De retour chez sa grand-mère, il trouva un messager qui venait le chercher, car son père était malade. Il se hâta de partir et voyagea nuit et jour. Il était à peine rentré que son père mourait. Sa mère était très sévère sur les mœurs : il n'osa lui ouvrir son cœur et se contenta d'économiser jour par jour pour réunir la somme nécessaire. Mais bientôt, il fut question de le marier. Il allégua d'abord son deuil. Sa mère ne voulut rien entendre. Alors il lui avoua en partie la vérité en lui parlant d'une demoiselle Tch'en, avec qui sa grand-mère aurait voulu le marier, et il obtint la permission d'aller en demander des nouvelles.

Le monastère était abandonné. Il n'y trouva qu'une vieille nonne, occupée à la cuisine, qui lui dit :

— Notre vieux prieur est mort l'année dernière, et les quatre Nuées se sont dispersées. Les deux aînées ont pris la fuite avec des aventuriers. Nuée-volante habite, je crois, dans le nord du canton ; je ne sais ce qu'est devenue Nuée-dormante.

Tchen-yu partit en voiture dans la direction du nord, s'arrêtant à tous les couvents pour avoir des nouvelles, mais sans recueillir le moindre indice. Il fut obligé, à son retour, de mentir à sa mère : il dit que la jeune fille dont sa grand-mère lui avait parlé était en voyage, mais reviendrait bientôt. Par malheur, à six mois de là, la mère de Tchen-yu alla elle-même visiter la grand-mère et la ruse se découvrit.

En revenant de là, la veuve se rendit à la pagode de la Montagne-aux-Lotus pour y accomplir un vœu. Elle passa la nuit dans une hôtellerie au pied de la montagne. Elle allait se coucher quand l'hôtelier lui amena une autre voyageuse en lui demandant la permission de la mettre dans la même chambre. C'était une jeune religieuse qui se rendait au couvent du Vol-de-Hérons pour retrouver son maître Wang Tao-tch'eng. Apprenant que la dame était de la ville voisine, elle lui parla de son fiancé, nommé P'an, qui devait y habiter. Elle semblait très malheureuse.

La mère de Tchen-yu, de retour auprès de son fils, lui raconta cette aventure. Il tomba à ses genoux :

— Je vais tout vous dire, ma mère, ce P'an, fiancé de la religieuse, c'est moi-même.

Il lui raconta en quelles circonstances il s'était donné ce nom.

— Fils indigne, s'écria-t-elle, qui fais la débauche dans les couvents et prends pour femme une religieuse, de quel front oses-tu te présenter devant tes parents et tes amis ?

Le jeune homme baissa la tête sans mot dire. A quelque temps de là, devant se rendre au chef-lieu pour les examens, il prit en secret une barque et se fit conduire au couvent où devait se trouver Wang Tao-tch'eng : celle qu'il cherchait en était partie depuis quinze jours. Son chagrin fut tel qu'à son retour, il en tomba malade.

Sur ces entrefaites, la grand-mère mourut. La mère de Tchen-yu alla l'ensevelir et, au retour, s'étant trompée de chemin, dut s'arrêter dans la maison de parents éloignés. On lui présenta une jeune fille nommée Wang, orpheline de père et de mère, qui lui plut au premier abord pour sa beauté. Elle la fit parler, sans se souvenir de l'avoir déjà vue, la trouva aimable, douce, et songea à la présenter à son fils pour terminer son chagrin. La jeune fille accepta de revenir avec elle. Tchen-yu était alors si affaibli qu'il ne se levait plus. Il aperçut la jeune fille par la fenêtre, la trouva charmante et déjà se sentit mieux. La mère les présenta l'un à l'autre et ils se reconnurent : c'était Nuée-volante qui, trop délicate pour la vie religieuse et d'ailleurs sans vocation, avait quitté le couvent et était rentrée dans sa famille, en changeant son nom de religion. Chacun raconta ses aventures avec des larmes de joie, et le mariage se fit bientôt. La jeune femme était obéissante et respectueuse, et sa belle-mère la prit bientôt en affection. Elle touchait du luth et jouait aux échecs. Cependant, elle ignorait la tenue de la maison et les choses de la vie. Le vieille dame s'en affligeait un peu.

Après quelques mois, les jeunes mariés allèrent rendre visite aux parents de la nouvelle épouse. Au retour, une barque les dépassa. Une religieuse s'y trouvait : c'était Nuée-dormante. Nuée-volante l'invita à passer sur la barque qu'elle occupait. Les deux jeunes femmes eurent les larmes aux yeux en se retrouvant. La religieuse expliqua qu'elle s'était mise en route pour tâcher de retrouver son amie, car elle la savait rentrée dans sa famille.

— Je ne pensais plus, ajouta-t-elle, que nous serions jamais réunies de nouveau sur cette terre. Aujourd'hui, je suis aux anges. Mais demain, je me sentirai abandonnée, pour tout le temps qui peut me rester à vivre.

Et elle fondit en larmes. Nuée-volante s'avisa alors d'un stratagème : elle lui fit quitter son costume de religieuse afin de pouvoir la présenter à sa belle-mère comme sa sœur aînée.

Nuée-dormante avait d'excellentes manières et sa conversation révélait l'usage du monde. Elle se levait de bon matin, s'occupait du ménage et tenait compagnie à la vieille dame qui, bientôt, conçut l'idée de l'attacher définitivement à la famille. Elle s'en ouvrit a sa belle-fille en ces termes :

— Vous êtes belle comme une image, les travaux domestiques ne sont pas faits pour vous ; une seconde épouse comme votre sœur aînée ne serait pas pour me déplaire.

— Si vous le voulez bien, et si ma sœur y consent, répondit Nuée-volante en souriant, nous serons donc comme les deux épouses de l'empereur Choen.

La mère ne répondit rien, mais eut un sourire contenu. Nuée-volante rapporta cette conversation à son mari en ajoutant :

— Votre mère a fait signe qu'elle y consentait.

Elle fit préparer une nouvelle chambre, puis elle dit à son amie :

— Vous souvenez-vous du temps jadis, au couvent, quand nous avions le même oreiller ? Vous me disiez alors que si jamais nous rencontrions un homme capable de reconnaître l'affection, il nous faudrait toutes deux lui consacrer nos vies ? Vous souvenez-vous ?

Un éclair passa dans les yeux de Nuée-dormante qui répondit :

— L'affection dont je parlais alors était un dévouement de chaque jour et une application constante, dont pas un homme n'a su reconnaître jusqu'ici la peine ni la joie. Si je me suis donné un peu de mal ces dernier jours et que votre belle-mère veuille bien m'en témoigner quelque reconnaissance, déjà mon cœur en sera réchauffé. Si elle va jusqu'à ne pas rendre un édit d'expulsion contre l'étrangère, de telle sorte que je puisse lui tenir compagnie pour longtemps, mes vœux seront comblés, et je ne songerai plus à mes rêves de jadis.

Nuée-volante rapporta cet entretien à sa belle-mère qui aussitôt réunit les deux jeunes femmes, leur fit brûler de l'encens et jurer qu'elles ne reviendraient pas sur leurs paroles. Le second mariage fut célébré aussitôt. Au moment de suivre Tchen-yu dans la chambre nuptiale, Nuée-dormante lui fit un aveu :

— J'ai vingt-trois ans ; dit-elle et je suis vieille fille.

Il n'en voulait rien croire, mais il en eut bientôt la preuve.

— Si je suis heureuse, dit-elle, d'avoir trouvé un bon mari, ce n'est pas, croyez-le bien, que la solitude m'eût pesée. Non, en vérité, user de la fraîcheur de mon corps pour exciter le désir par des minauderies de courtisane, ce n'est pas de mon goût. Passe pour une fois, mais si je porte aujourd'hui votre nom, c'est pour servir votre mère et accomplir les travaux de la maison. Quant aux plaisirs de la chambre secrète, ce n'est pas à moi qu'il faut les demander.

Le lendemain, Nuée-dormante prit le soir son costume de nuit et alla coucher dans la chambre de sa belle-mère. Le jeune homme l'envoya chercher, mais elle ne vint pas. Le jour suivant, Nuée-volante se rendit avant elle chez leur belle-mère, et Nuée-dormante fut bien obligée de passer la nuit avec son mari. Par la suite, elles prirent l'habitude de changer entre elles tous les deux ou trois jours. Soulagée de tous les soins du ménage, la vieille dame passait le temps à jouer aux échecs avec Nuée-volante ou à écouter le soir ses deux belles-filles jouer du luth.

— Du vivant même de mon pauvre mari, disait-elle, je n'étais pas si heureuse.

Nuée-dormante veillait à la dépense et lui présentait des comptes si bien tenus qu'elle lui dit un jour :

— Vous m'aviez raconté que vous étiez orpheline, qui donc vous a appris si bien à écrire ?

La jeune femme lui avoua qu'elle n'était pas la sœur de Nuée-volante. La vieille dame sourit :

— Moi qui ne voulais pas d'une religieuse pour belle-fille, voilà que j'en ai deux.

Choei-yun

Choei-yun était une célèbre courtisane de Hang-tcheou, sans égale pour l'esprit et la beauté. Quand elle eut quatorze ans, sa mère voulut qu'elle se mît à recevoir. Choei-yun observa :

— C'est toute ma vie qui va se décider ; n'agissons pas à la légère. Que ma mère fixe le prix de quinze pièces d'or.

Chaque jour, elle eut des visiteurs ; ceux qui voulaient être reçus lui apportaient un présent. Si le présent était sérieux, elle jouait avec eux une partie d'échecs, ou leur offrait un dessin. Si le présent était mince, elle se bornait à leur servir le thé. Sa renommée fut bientôt immense, et chaque jour, les visiteurs les plus riches et les plus élégants se succédaient à sa porte. Il y avait alors à Yu-hang un certain Houo qui s'était fait un nom de bonne heure par son talent, mais ne possédait qu'une très médiocre fortune. Il regardait Choei-yun avec ferveur, mais n'osait pas risquer un rêve d'union. Il parvint à réunir un modeste présent, dans l'espoir d'obtenir la faveur d'une entrevue ; mais il craignait encore qu'à l'examen, parmi la foule des adorateurs, elle ne prît pas garde à un si pauvre prétendant. Quand il arriva, après quelques paroles échangées, elle le traita fort bien, causa longuement avec lui, lui fit les yeux doux et lui remit même des vers de sa façon :

« Pourquoi demander l'eau de riz – A la porte étincelante de l'hôtellerie enchantée ? – Si vous cherchez le pilon de jade, présent des fiançailles magiques – Ne le cherchez sinon sur cette terre. »

Grande fut la joie du jeune homme, il voulait prolonger l'entretien, mais une petite servante annonça un visiteur. Houo tout troublé se retira, mais de retour chez lui, il récitait encore le petit poème, le cœur bouleversé. Quelques jours après, ne pouvant dominer ses sentiments, il se mit sur ses plus beaux atours et retourna chez Choei-yun. Elle le reçut avec joie et, s'asseyant près de lui, elle lui demanda tout bas, l'air inquiet, s'il avait l'intention de passer une nuit avec elle. Il répondit :

— Je suis un pauvre lettré, dont la folie ne prétend à rien qu'à votre amitié. Le présent infime que je vous ai donné a déjà épuisé mes faibles moyens. M'approcher de votre grâce est tout mon désir. L'intimité de votre corps épuise mes faibles moyens.

Choei-yun, à ces mots, devint triste, et ils restèrent l'un près de l'autre sans rien dire. Houo ne s'en allait pas, et déjà la mère avait à plusieurs reprises appelé sa fille avec impatience. Il partit enfin, désolé au point de songer à vendre tout son bien pour acheter un seul moment de joie, et disparaître ensuite, mais il ne pouvait supporter cette pensée, et à force de délibérer, il perdit courage, et on n'entendit plus parler de lui.

Cependant, Choei-yun fut plusieurs mois sans trouver un protecteur à son goût. Sa mère irritée voulait la contraindre et n'y parvenait pas. Un jour, un bachelier apporta son présent, s'assit pour causer un moment, puis se leva et du doigt lui toucha le front en disant :

— Dommage ! dommage.

Et il partit. Choei-yun, après l'avoir reconduit, regarda son front : on y voyait une marque noire comme de l'encre. Elle lava cette tache et ne fit que la rendre plus apparente. Au bout de quelques jours, la tache avait gagné ; après un an, elle avait envahi tout le visage. On ne pouvait regarder la malheureuse sans rire. Plus de visiteurs à cheval ou en voiture. La vieille la privait de toilette, la reléguait parmi les domestiques ; faible et languissante, elle ne pouvait endurer cet exil et dépérissait de jour en jour. Houo ayant appris cela vint la voir et la trouva tout échevelée, dans la cuisine, hideuse à voir comme un démon. Elle leva la tête, le reconnut, et se cacha le visage contre la muraille. Houo, plein de pitié, alla trouver la vieille pour lui acheter Choei-yun. Elle y consentit. Houo vendit ses champs, vida sa bourse et emmena la jeune femme. En franchissant le seuil, elle ramassa le pan de sa robe pour cacher ses larmes et ne voulut pas se considérer comme une compagne. Elle désirait qu'il se procurât une seconde épouse pour l'avenir. Mais il dit :

— Ce qui a du prix dans l'existence, c'est l'amitié. Vous avez eu de l'amitié pour moi au temps de votre splendeur. Comment n'en aurais-je pas pour vous au temps de votre misère ?

Et il ne prit pas d'autre femme. On se moquait

de lui, mais il n'en devenait que plus obstiné. Une année s'écoula. Un jour qu'il s'était rendu à Sou-tcheou, il rencontra à l'hôtel un certain Ho qui lui demanda des nouvelles de la célèbre Choei-yun, de Hang-tcheou.

— Elle est mariée, répondit-il.

— Et avec qui ?

— Un homme dans mon genre.

— S'il vous ressemble, c'est vraiment un homme. Et à quel prix l'a-t-il achetée ?

— Un accident qui lui est survenu a permis de l'acheter à bon marché. Sans quoi, est-ce un homme de mon espèce qui pouvait obtenir la merveille du pavillon bleu ?

L'autre lui demanda encore si vraiment cet homme lui ressemblait. Etonné de la question, Houo interrogea à son tour et Ho répondit en souriant :

— Je ne veux pas vous tromper. Autrefois, j'ai passé un moment auprès de cette beauté et j'ai eu pitié de voir cette grâce incomparable condamnée à errer sans trouver un ami. C'est pourquoi, usant d'un certain procédé, j'ai terni son éclat pour garder sa fraîcheur et lui permettre d'attendre l'amour qui serait le miroir de son âme.

Houo demanda vivement :

— Ce que vous avez marqué, pouvez-vous l'effacer ?

— Comment ne le pourrais-je pas ? dit-il en souriant toujours. Il suffit que cet homme me le demande en toute sincérité.

Alors Houo le salua et dit :

— Le mari de Choei-yun, c'est moi.

Ho, tout heureux, répondit :

— Il n'y a ici-bas que les hommes d'un grand esprit qui soient capables d'un grand amour, car ils ne sacrifient pas la pensée au charme extérieur. Je vous prie de m'emmener avec vous et je vous donnerai une belle épouse.

Quand ils furent arrivés, Houo voulait offrir à boire à son hôte, mais il l'arrêta :

— Je vais d'abord faire mon office. Faites tout préparer et vous serez heureux.

Il fit donc apporter un bassin qu'on remplit d'eau, et avec son doigt, il écrivit sur l'eau ; puis il appela la jeune femme :

— Lavez-vous avec cette eau et vous serez guérie. Mais il faut que vos proches s'éloignent : il n'est permis qu'au médecin de rester.

Houo sourit et sortit, pour attendre que Choei-yun se fût lavée. A mesure que la main de celle-ci passait sur son visage, son éclat revenait, aussi brillant que par le passé. Mari et femme, émerveillés, ne cessaient de remercier leur bienfaiteur, mais déjà il avait disparu, et ils connurent alors que c'était un immortel.

Le Seigneur Loung-fei

A Ngan-king vivait un jeune homme du nom de Tai, d'humeur légère et aux passions sans frein. Un jour qu'il s'en revenait de boire chez des amis, il rencontra en chemin son défunt beau-frère nommé Ki. Comme le vin lui avait troublé la raison, il oublia que Ki était mort et lui demanda où il habitait pour l'instant.

— Je suis un fantôme, répondit l'autre. L'avez-vous oublié ?

Tai fut troublé, mais le vin l'empêchant d'avoir peur, il demanda au fantôme qu'elle était son occupation.

— Pour le moment, je suis deuxième secrétaire du roi de la Roue tournante.

— Alors, vous connaissez les destins des hommes ?

— C'est justement ma fonction. Comment ne les connaîtrais-je pas ? J'ai assez de mal à tenir mes écritures à jour. Justement, il y a quelque temps, en examinant mes registres, j'ai vu votre nom.

— Et quelle était la mention ? demanda vivement Tai.

— Je ne saurais vous tromper. Votre nom est marqué pour la prison des ténèbres.

De terreur, Tai fut tout d'un coup dégrisé et supplia Ki de le sauver.

— La seule délivrance possible est d'accomplir de bonnes œuvres. Mais vos mauvaises actions sont si nombreuses qu'un grand effort serait nécessaire, et comment pourriez-vous l'accomplir ? Si chaque jour vous faisiez une bonne œuvre, il faudrait plus d'un an pour établir la compensation. Il est trop tard. Toutefois, par ce moyen, vous avez chance de sortir un jour des prisons souterraines.

Tai, à ces mots, fondit en larmes et tomba à terre de désespoir ; quand il releva la tête, Ki avait disparu. Bien triste fut son retour, et dès lors, il entreprit de purifier son cœur, de réformer sa conduite, d'éviter les fautes.

Il avait précédemment séduit une de ses voisines ; le mari n'en ignorait rien, mais fermait les yeux par crainte du scandale. Quand Tai eut changé de vie, il cessa les relations ; le mari s'en aperçut et ignorant la cause de ce changement, il crut à quelque mauvais dessein. Ayant rencontré Tai un jour dans la campagne, il engagea la conversation en se rapprochant tout doucement d'un puits abandonné où il le précipita. Le puits était profond de plusieurs brasses, il comptait bien que son ennemi y trouverait la mort. Pourtant Tai revint à lui dans la nuit et se mit à crier au secours, mais personne ne l'entendit, sinon son meurtrier qui était revenu, dans la crainte qu'il ne fût pas mort, et répondit à ses cris en lui jetant une grosse pierre. De plus en plus enfermé dans le puits, Tai n'osa plus crier, mais, sachant qu'il vivait encore, l'autre combla l'orifice du puits avec de la terre.

Ce furent alors les ténèbres profondes et Tai pouvait se croire dans la prison dont lui avait parlé le fantôme. Comme il ne trouvait là aucune nourriture, il estima sa mort assurée. Il essaya de ramper et rencontra de l'eau de tous côtés, à trois pas. Ne pouvant bouger, il resta donc assis à la même place. La faim qu'il avait d'abord éprouvée se calmait à la longue. Jugeant que dans ces souterrains, aucune bonne œuvre n'était possible, il se contenta d'invoquer longuement, à voix haute, le dieu Fo. Alors, il vit des feux follets qui allaient et venaient, leurs lueurs remplissant l'espace. Il se mit à les prier. Il avait bien entendu dire que les feux follets étaient toujours des âmes en peine ; mais, pensait-il, bien que je sois encore en vie, j'ai bien peu de chance de revenir causer avec mes semblables ; ils consoleront un peu ma solitude. Il s'aperçut que les feux follets venaient à lui sur l'eau et qu'en chacun d'eux se trouvait une figure d'homme, haute de la moitié de la taille d'un homme ordinaire ; il demanda d'où ils venaient.

— C'est ici, répondirent-ils, un vieux puits à charbon de terre ; le maître de ce puits, en son travail, a ébranlé une tombe antique ; alors le seigneur Loung-fei a envoyé par la brèche l'eau de la mer qui a englouti les ouvriers, au nombre de quarante-trois ; nous sommes leurs fantômes.

— Qui est ce seigneur ?

— Nous n'en savons rien, si ce n'est que c'est un lettré aujourd'hui au service du génie des souterrains. Il a eu pitié de nous et ne nous a pas punis. Tous les quatre ou cinq jours, il nous donne de l'eau et du riz, et il veut que nos ossements noyés soient sauvés un jour. Si vous revenez jamais sur terre, voulez-vous prier qu'on les retire et leur donne une sépulture régulière ? Nous en éprouverons ici-bas un grand bienfait.

Tai répondit :

— Pour peu que j'en aie le pouvoir, comment y manquerais-je ? Mais quand mon corps est déjà dans l'enfer, quel espoir de revoir la lumière du jour ?

Il demanda donc aux fantômes de prier Fo selon les formules, afin qu'un jour ou l'autre, son emprisonnement prît fin. Tantôt il se couchait pour dormir ; tantôt éveillé, il s'asseyait, et le temps passait ainsi. Enfin, il vit paraître dans la profondeur la clarté d'une lampe. Tous s'écrièrent joyeux :

— C'est le seigneur Loung-fei qui vient nous donner notre pitance.

Ils invitèrent Tai à les accompagner ; il n'osait par crainte de l'eau, mais ils l'entraînèrent de force, il se sentit enlevé dans l'espace, et après avoir parcouru, non sans détours, environ deux cents toises, ils le lâchèrent et lui dirent d'aller à pied, en montant. Il lui sembla gravir un grand escalier, au sommet duquel il découvrit une chambre ; puis une chapelle qu'éclairait par en haut une torche grosse comme le bras. Tai qui depuis longtemps n'avait vu la clarté du feu fut transporté de joie et s'élança. Un vieillard était assis là-haut, vêtu comme un lettré. Tai s'arrêta, interdit, et le vieillard, surpris aussi, demanda comment un homme vivant se trouvait là. Tai alla se prosterner devant lui et lui dit son histoire.

— Vous êtes mon descendant, dit le vieillard.

Il lui permit de se relever, de s'asseoir, et expliqua que son nom était Tai, son surnom Loung-fei, que jadis, un de ses descendants indignes, nommé Tang, un vaurien, avait creusé un puits qui avait troublé l'aïeul en sa demeure nocturne, aussi l'avait-il englouti dans l'eau de la mer ; il demanda des nouvelles de ses héritiers.

En effet, le bisaïeul de Tai avait eu cinq fils, dont l'aîné se nommait Tang. Des notables de la ville avaient persuadé à ce Tang d'extraire du charbon à côté de la tombe de l'ancêtre. Les autres frères, effrayés, n'avaient pu l'empêcher, la catastrophe était survenue, les parents des victimes avaient porté plainte contre Tang et ses associés qui s'étaient trouvés ruinés ; les petits-fils de Tang étaient sans la moindre ressource. Or, Tai se trouvait être le petit-neveu de Tang. Il avait souvent entendu raconter cette histoire qu'il rapporta à l'ancêtre.

— Ce sont tous, dit celui-ci, des descendants indignes. Comment seraient-ils heureux ? Mais puisque vous voilà ici, il ne faut pas interrompre vos études.

Il lui donna donc à manger et à boire, puis plaça sur une table un volume de haute littérature et fit faire à Tai des exercices d'application et de rédaction, comme un maître à son élève. La torche brûlait toujours, sans qu'on eût besoin d'y toucher. Quand Tai était las, il dormait ; il n'y avait ni jour ni nuit. Quand l'ancêtre s'absentait, il mettait près de Tai un jeune esclave. Il lui semblait que plusieurs années s'étaient écoulées déjà, il n'éprouvait aucune tristesse. Il n'avait pas d'autre livre à lire que celui-là qui comprenait cent chapitres, chacun de plus de quatre mille paragraphes. Un jour, l'ancêtre lui dit :

— Votre pénitence est faite ; il faut retourner sur terre. Ma tombe est près du puits ; l'humidité tourmente mes os. Quand votre vœu sera accompli, transportez-moi sur la colline de l'est.

Tai s'empressa de le promettre. Alors, l'ancêtre appela les fantômes et leur ordonna d'accompagner leur hôte à sa première demeure. Ils accoururent, et il leur renouvela son ordre. Tai ne savait comment il pourrait sortir de là.

Après sa disparition, on l'avait cherché partout, et sa mère avait chargé d'une enquête le préfet et ses employés ; l'enquête ne donna aucun résultat. Au bout de quatre ans, le préfet fut changé, on n'y pensa plus ; la femme de Tai, ne pouvant supporter la solitude, partit et se remaria. C'est alors que les gens du village, en réparant le vieux puits, y trouvèrent Tai ; ils le touchèrent : il vivait. On le remonta bien vite, et bientôt, il put raconter son histoire. Après l'avoir jeté dans le puits, le voisin avait tué sa femme à force de la battre ; d'où plainte du beau-père. Après un an de procès, il était revenu à la capitale, n'ayant plus que la peau et les os. Apprenant que Tai était retrouvé, il s'enfuit épouvanté. Les parents de Tai voulaient le poursuivre, Tai les en empêcha.

— Ce qui m'est arrivé jadis est la suite d'un arrêt de l'enfer ; est-ce qu'il y est pour quelque chose ?

Quand le voisin fut persuadé que Tai ne changerait pas d'avis, il se risqua à rentrer. Quand l'eau du puits fut épuisée, Tai loua des ouvriers pour recueillir les ossements. Il donna à chaque corps un cercueil et une tombe. Puis il rechercha, dans les annales, le nom de son ancêtre, fit un sacrifice à sa tombe et célébra sa puissance et son talent. Cette même année, il eut un brillant succès au concours. Dès qu'il fut revenu, il transporta le corps de son ancêtre dans une belle tombe sur la colline de l'est ; au printemps et à l'automne, il allait lui rendre hommage, et sa prospérité ne se démentit jamais.

Heng-niang

Houng Ta-yeh avait une femme nommée Tchou, assez jolie ; ils s'aimaient tendrement. Mais Houng prit pour petite épouse une servante nommée Pao-tai, qui était loin de valoir Tchou pour la beauté ; cependant, Houng se prit de passion pour elle. Tchou lui fit sentir son mécontentement ; il n'osa plus rejoindre Pao-tai le soir, ne l'en aima que plus, et délaissa Tchou. Peu après, ils déménagèrent et eurent pour voisin un marchand d'étoffes nommé Ti. Sa femme, nommée Heng-niang, alla la première rendre visite à Tchou. C'était une femme d'une trentaine d'années ; son visage était très ordinaire, son langage vif et agréable. Tchou la prit en amitié et dès le lendemain, lui rendit sa visite ; elle remarqua que chez elle aussi, il y avait une petite épouse, âgée d'un peu plus de vingt ans, très jolie. Elle était là depuis six mois, et pourtant, jamais on n'avait entendu parler de querelle dans la maison. Ti n'avait d'amour que pour sa femme, et l'auxiliaire n'avait qu'un titre sans fonction. Un jour que Mme Houng était allée voir son amie, elle lui dit :

— Jusqu'ici, je croyais que si un homme aime sa maîtresse, c'est parce qu'elle est sa maîtresse, et j'aurais voulu changer mon nom de femme légitime contre celui de petite épouse. Je vois que je m'étais trompée. Quelle est votre recette ? Si vous pouvez me la donner, je vous écouterai comme une écolière.

— Mais, dit Heng-niang, depuis qu'il vous délaisse, ne faites-vous pas la vie dure à votre époux ? Du matin au soir, vous lui rebattez les oreilles ; toutes ces querelles ne font que grandir sa passion. Il faut favoriser son sentiment, et quand il vous reviendra, ne pas l'accueillir. Dans un mois, je vous donnerai d'autres conseils.

Tchou obéit, elle soigna la toilette de Pao-tai, l'appela dans la chambre du mari, lui fit prendre part à ses repas. Quand Houng tournait autour d'elle, elle le repoussait de toutes ses forces. Houng commençait à faire l'éloge de sa vertu. Un mois après, elle alla voir son amie qui lui dit :

— Vous avez compris. Il faut maintenant négliger votre toilette ; plus de robes brodées, plus de fards. De vieux souliers, les travaux du ménage. Revenez dans un mois.

Tchou, en conséquence, se mit à raccommoder ses vieilles robes, à ne plus se laver, à ne parler que de fil et de quenouille. Houng eut pitié d'elle et voulut que Pao-tai partageât ses travaux ; Tchou n'y consentit pas et renvoya sa rivale. Un mois se passa ainsi ; puis elle alla chez Heng-niang.

— Vous faites, dit celle-ci, une excellente élève. Mais nous voici au troisième mois, c'est maintenant qu'il va vous prier de l'accompagner au jardin de printemps. Il faut quitter vos vieux vêtements. Jupe, pantalon, bas, souliers, changez tout et revenez vite me voir.

Tchou acquiesça et passa la journée devant son miroir, à ajuster ses fards ; elle fit tout comme Heng-niang le lui avait recommandé, et quand elle fut prête, vint la trouver.

— C'est bien, fit son amie avec satisfaction.

Elle lui arrangea encore son chignon qui devint brillant comme un miroir, égalisa les pans de sa jupe, les manches, défaisant des coutures pour les refaire ; elle trouva que ses souliers avaient mauvaise façon, alla lui chercher elle-même dans un coffre de quoi en faire d'autres, et quand ils furent achevés, les lui donna. Comme Tchou partait, elle lui fit boire du vin et dit :

— Quand vous serez de retour et que vous aurez vu votre mari, allez vous coucher de bonne heure. S'il vient frapper à la porte, n'ouvrez pas. Ne l'accueillez qu'une fois sur trois. Si ses lèvres cherchent votre langue, si sa main cherche votre pied, soyez très réservée là-dessus. Dans quinze jours, revenez me voir.

Quand Houng vit sa femme si brillamment parée, il la contempla des pieds à la tête, et fut bien aise de ce changement. Elle causa un moment avec lui, la main au menton, l'air nonchalant, et se retira dans sa chambre avant la fin du jour, fermant la porte pour dormir. Bientôt Houng vint frapper, mais Tchou dormait sans doute si profondément qu'elle ne l'entendit pas : il dut se retirer. Il en fut de même le lendemain. Le troisième jour, il fit des reproches à sa femme, elle répondit :

— J'ai si bien l'habitude de dormir seule que je ne puis plus souffrir qu'on me dérange.

Ce jour-là, Houng entra dans la chambre dès le

soir et s'y installa ; puis il éteignit la lampe, se jeta sur le lit et se saisit de sa femme avec tous les transports d'une première nuit de mariage. Il voulait revenir le lendemain, mais Tchou s'y opposa et remit le rendez-vous à la troisième nuit. Après quinze jours, elle revint chez Heng-niang qui ferma la porte et dit :

— Désormais vous pouvez disposer de votre chambre à votre gré. Toutefois, vous êtes belle, mais vous n'êtes pas encore une beauté. Quand vous serez une beauté, vous pourrez rivaliser avec Si-cheu, à plus forte raison avec une femme qui lui est bien inférieure.

Alors elle lui fit faire les yeux doux et dit :

— Non. Il y a une faute du côté gauche du menton.

Alors, roulant ses prunelles brillantes, montrant à peine ses dents nacrées, elle dit à Tchou de l'imiter. Après dix tentatives, elle commença d'attraper la ressemblance.

— Allez, lui dit Heng-niang, prenez un miroir et exercez-vous. Il n'y a plus d'autre recette. Car en ce qui concerne le lit, c'est l'instinct qui doit vous mouvoir ; faites donc ce qui vous sera agréable, aucune parole ne peut vous l'enseigner.

Tchou suivit exactement les conseils de son amie, Houng fut non seulement charmé de la voir, mais son âme en fut troublée. Craignant toutefois un refus, il prenait soin, vers le soir, de causer gaiement avec elle, sans quitter la porte de ses appartements particuliers. Comme il répétait ce manège chaque jour, sa femme finissait par ne pouvoir se débarrasser de lui. Alors, elle redoubla d'attentions pour Pao-tai, et quand elle soupait avec son mari dans son appartement, elle l'appelait, la faisait asseoir à côté d'eux. Houng en la voyant venir la prenait en aversion, et avant la fin du repas, il la renvoyait. Mais Tchou sut le tromper un soir et le faire entrer dans la chambre de Pao-tai où elle l'enferma. De toute la nuit, il ne trouva rien à lui confier. Pao-tai furieuse se moqua de lui en public. Houng en récompense lui fit donner le fouet. Dès lors, Pao-tai, par dépit, se négligea complètement : robe usée, souliers déchirés, tête échevelée, elle n'avait plus figure humaine.

Un jour, Heng-niang demanda à son amie des nouvelles de sa recette.

— C'est un procédé merveilleux, répondit-elle. Toutefois, en l'employant, il y a une chose que je n'ai pas bien comprise. C'est la liberté que j'ai laissée à mon mari.

— N'avez-vous pas entendu dire qu'il est dans la nature humaine de se lasser des choses anciennes et d'aimer la nouveauté, d'estimer ce qui coûte et de dédaigner ce qui est aisé. Si votre mari aimait sa maîtresse, ce n'était nullement pour sa beauté, mais pour la douceur de la conquête et le plaisir de la difficulté. En le lui offrant à satiété, vous l'auriez dégoûté d'un met exquis, à plus forte raison d'un potage très ordinaire. Quant à votre toilette négligée, puis soignée à l'extrême, qu'est-ce que cela signifie ? Ce que vous retiriez à sa vue lui donnait l'illusion d'une longue absence. La beauté que, soudain, il a découverte lui a été comme nouvelle. Ainsi, un homme pauvre mis brusquement en présence d'un bon rôti trouve son riz grossier sans saveur. De plus, vous ne lui avez pas cédé facilement. Ainsi votre rivale a été pour lui le passé, vous la nouveauté ; elle a été la facilité, vous la difficulté. C'est ainsi que vous avez su de femme légitime devenir maîtresse.

Tchou, au comble de la joie, devint l'amie intime et secrète de Heng-niang. Après quelques années, celle-ci lui dit un jour :

— Puisque nous sommes unies comme si nous n'avions qu'un seul corps, je ne dois rien vous laisser ignorer de ma vie. Je voulais déjà vous le dire, mais j'avais peur. Maintenant que nous allons nous quitter, j'ai le courage. Je suis une renarde. Toute jeune, j'ai eu une belle-mère qui m'a vendue en cette ville. Comme mon mari m'aimait beaucoup, je n'ai pas voulu jusqu'ici interrompre son affection. Mais voilà que demain mon grand-père va quitter ce monde. Il faut que j'aille lui rendre hommage et je ne reviendrai plus.

Tchou lui prit la main et éclata en sanglots. Le lendemain, elle trouva la maison bouleversée : Heng-niang avait disparu.

Le Fou de lecture

Lang Yuh-tchou appartenait à une famille de fonctionnaires qui avaient atteint des grades assez élevés, mais s'étaient toujours contentés de leur traitement pour vivre et n'avaient rien amassé, sinon des livres dont une chambre entière était remplie. Quant à Yuh-tchou, c'était un original de premier ordre ; très pauvre, il vendit tout ce qui se trouvait dans sa maison, à l'exception des livres dont il ne céda pas un volume. Son père, en son vivant, avait écrit un jour le chapitre de *l'Exhortation à l'étude*, et l'avait collé à la droite de son fauteuil :

— Point n'est besoin, pour enrichir votre maison, d'acheter un champ fertile ; dans les livres, vous trouverez du grain par quintaux. Point n'est besoin, pour loger votre femme, de construire une chambre haute ; dans les livres, vous trouverez une chambre d'or. Pour vous marier, ne regrettez pas l'absence d'un intermédiaire : dans les livres, vous trouverez une femme au visage précieux comme le jade. Si vous sortez, ne regrettez pas que personne ne vous accompagne ; dans les livres, vous trouverez des attelages et des chars en rangs serrés. Si vous voulez que votre vie durant votre volonté s'accomplisse, lisez avec respect les livres sacrés devant votre fenêtre.

Lang récitait chaque jour ces sentences et même, dans la crainte de les voir s'effacer, il les couvrit d'une gaze transparente. Il ne songeait nullement à se faire une situation par l'étude ; il croyait que les livres contenaient réellement du grain et de l'or. Jour et nuit, il écrivait et lisait sans souci du froid ni du chaud. A vingt ans, il n'était pas marié, car il espérait toujours qu'une beauté accomplie sortirait de ses livres. Quand on venait le voir, sans demander de quoi il s'agissait, après quelques propos de politesse, il se mettait à réciter à pleins poumons, et le visiteur s'arrangeait pour disparaître. Chaque fois que le grand examinateur passait par là, sa première visite était pour Lang qui ne se laissait pas fléchir et refusait de lui vendre ses livres. Un jour qu'il se mettait à sa lecture, un coup de vent enleva le volume ; en courant après, il trébucha : à ses pieds s'ouvrait un trou, rempli de foin pourri. Il creusa et trouva du grain qu'on avait mis là jadis et qui, depuis longtemps, était gâté. Bien qu'on n'en pût rien faire, Lang crut que la première sentence de l'inscription s'accomplissait et se remit à lire avec plus d'acharnement.

Un jour que, monté sur une échelle, il cherchait au rayon supérieur de sa bibliothèque, il trouva parmi les volumes en désordre un petit carrosse en or, large d'un pied. Tout joyeux, il reconnut la chambre d'or et montra sa trouvaille : ce n'était que du métal doré, et Lang déplora la fraude des anciens hommes. Peu après, un ancien camarade de son père, fervent adorateur de Fo, fut appelé par ses fonctions à passer par là. On conseilla à Lang de lui offrir le carrosse pour servir de niche à son dieu ; en récompense, l'autre lui donna trois cents pièces d'or et deux chevaux. Lang comprit qu'outre la chambre d'or, il avait aussi obtenu le char et s'en trouva plus encouragé encore. Il avait alors trente ans ; on le pressait de se marier, et il répondait :

— Mes livres me donneront une femme au visage pareil au jade. Pourquoi me mettre en souci parce que je n'ai pas d'épouse ?

Il lut encore ses livres deux ou trois ans, mais sans résultat, si bien qu'on commençait à se moquer de lui.

On racontait alors dans le peuple que l'étoile nommée la Tisserande s'était enfuie. Quelques amis lui dirent en plaisantant que si cette petite fille du ciel quittait ainsi le logis, c'était sûrement en son honneur. Lang comprit qu'on voulait rire et s'abstint de discuter. Un soir qu'il lisait les *Annales des Han*, il en était vers la moitié du huitième volume, quand il découvrit une petite figure de femme en gaze découpée, serrée entre les feuillets. Surpris, il s'écria :

— Est-ce là la femme au visage de jade qui doit se trouver dans les livres ?

Bouleversé, il la regarda de près : son regard semblait vivre et sur son dos se trouvait écrit en tout petits caractères : *La Tisserande*. Stupéfait, il passa les jours à la remettre dans le livre, puis à l'en retirer pour la prendre et la manier ; il en perdait appétit et sommeil. Un jour qu'il la contemplait, elle se mit tout à coup sur son séant et, assise sur le livre, lui adressa un léger sourire. Lang, épouvanté, se prosterna sous la table. Quand il se releva, elle avait déjà un pied de haut. Il la salua encore, et elle descendit légèrement de la table, toute pareille à une jolie femme. Il lui demanda alors quelle divinité elle était. Elle répondit en souriant :

— Mon nom est Visage-de-Jade. Depuis longtemps, vous êtes mon ami ; vous ne cessez de me faire les yeux doux tout le jour. J'ai craint, si je ne venais pas à vous, de ne plus rencontrer dans le cours de mille années un homme de foi comme vous.

Lang, comblé de joie, l'emmena dans sa chambre, mais même sur le lit, malgré tout son amour, il ne savait se comporter en homme et ne faisait que lire, la jeune femme assise à son côté. Elle finit par le lui défendre, mais il n'obéit pas. Elle lui dit alors :

— Ce qui vous empêche d'arriver, c'est uniquement votre lecture. Parmi ceux dont les noms figurent sur la liste des candidats heureux, combien lisent autant que vous ? Si vous ne m'obéissez pas, je m'en irai.

Lang fut docile pendant quelques jours, puis il s'oublia et se remit à réciter ses auteurs. Au bout d'un moment, il chercha sa compagne : elle avait disparu. Désespéré, il la supplia à genoux de revenir ; il n'y en avait plus trace. Tout à coup, il se souvint de sa première cachette, prit le volume des *Annales des Han*, l'ouvrit tout doucement et la découvrit en effet à sa place. Il l'appela, elle ne bougea pas ; il se prosterna, implora sa pitié. Elle descendit alors.

— Mais, dit-elle, si vous me désobéissez encore, ce sera fini pour toujours.

Elle lui fit préparer un échiquier et, chaque jour,

elle jouait avec lui, mais sa pensée était ailleurs, et dès que sa compagne avait disparu, il prenait en cachette un livre et s'y plongeait. Craignant d'être surpris, il embrouilla le huitième volume des *Annales des Han* avec d'autres livres, pour l'empêcher de s'y réfugier. Mais un jour qu'il lisait avec ivresse, elle survint ; il ne l'aperçut pas d'abord, puis ayant levé les yeux, il tenta de dissimuler son livre, mais déjà elle n'était plus là. Effrayé, il la chercha au hasard dans le désordre des livres, sans la trouver ; mais quand il fut arrivé au huitième volume des *Annales des Han*, elle était à la page habituelle. Il la supplia encore, lui jura de ne plus lire ; elle descendit, mais l'invita aussitôt à une partie d'échecs et lui dit :

— Si dans trois jours, vous ne vous y mettez pas, je m'en vais.

Le troisième jour, Lang parvenait à lui prendre deux pions dans la même partie. Toute heureuse, elle lui remit alors un luth et lui donna cinq jours pour apprendre un morceau. Les mains raidies, les yeux fixes, Lang n'avait plus un moment de loisir, il finit par attraper les notes et la mesure, et même y prit goût peu à peu. Alors la jeune femme se mit à souper chaque jour avec lui, et Lang fut heureux au point d'oublier sa lecture. Elle lui permit de sortir, de se faire des amis, et il passa bientôt pour un fort bon compagnon.

— Vous voilà, lui dit-elle, un homme comme les autres.

Une nuit, il lui dit :

— Quand un homme et une femme vivent ensemble, ils ont des enfants. Je vis avec vous et nous n'en avons pas. D'où cela vient-il ?

Elle sourit :

— Pendant que vous passiez le jour à lire, j'ai pensé que ce n'était pas la peine. Voilà que nous sommes mari et femme, et vous ne savez rien sur ce chapitre. La natte et l'oreiller réclament vos soins.

— Quels soins ? demanda-t-il, tout surpris.

Elle ne répondit pas, mais après un moment, elle alla tout doucement au-devant de ce qui devait s'accomplir. Au comble du bonheur, il s'écria :

— Je ne pensais pas que dans les joies du mariage, il y en avait que la parole ne saurait exprimer.

Dès lors, il faisait part de sa découverte à tous ceux qu'il rencontrait, et chacun, la main aux lèvres, s'efforçait de ne pas rire. La jeune femme lui fit des reproches à ce sujet, mais il répondit :

— Quand des amoureux, pour se rejoindre, franchissent les barrières et percent les murailles, comme dit Confucius, certes il n'en faut pas parler. Mais des joies que la nature et les lois autorisent, qui sont le partage de tous, pourquoi s'en cacher ?

Après le temps normal, il leur vint un fils, pour qui on prit une nourrice.

Un jour, la jeune femme dit à son mari :

— Voilà deux ans que je suis près de vous, et je vous ai donné un fils, nous pouvons nous quitter. Pendant longtemps, j'ai craint de vous porter malheur. Maintenant, il est trop tard pour le regretter.

Lang se mit à pleurer et, prosterné à terre, ne se relevait pas.

— Vous ne pensez donc pas, dit-il, à cet enfant ?

Peinée à son tour, elle finit par dire :

— Il faut donc que je reste. Il est nécessaire toutefois que vous dispersiez tout ce qui se trouve sur les rayons de votre bibliothèque.

— C'est, répondit-il, votre ancien séjour. C'est toute ma vie. Comment pouvez-vous me demander cela ?

Elle n'usa pas de contrainte et dit simplement :

— Je sais ce qui doit arriver. Au moins, je vous aurai prévenu.

Or, plusieurs parents et ami de Lang avaient aperçu sa femme, et tous avaient été d'autant plus surpris qu'ils ignoraient son origine. Lang, quand ils l'interrogeaient, se taisait pour ne pas mentir. Le bruit de cet étrange événement finit par se répandre et parvint jusqu'au préfet de la ville, un jeune licencié du Fou-kien. Il en fut très intrigué et voulut voir cette beauté inconnue. Il convoqua donc Lang avec sa femme. Mais celle-ci, à cette nouvelle, se cacha et on ne put la trouver. Le préfet, irrité, se saisit alors de Lang, le fit dévêtir et le mit à la torture pour qu'il lui révélât la cachette de sa femme. Lang mourant ne révéla rien. On mit également à la torture la nourrice, qui raconta le peu qu'elle savait. Le préfet conclut de là que cette femme était un démon, et se rendit en personne à la maison de Lang. Il y trouva une telle masse de livres que renonçant à les examiner, il les fit tous brûler dans la cour de son palais. La fumée, au lieu de se dissiper, resta réunie comme un tourbillon sombre. Lang délivré obtint de retourner chez lui, et cette année même, fut reçu bachelier ; l'année suivante, il était licencie. Mais il gardait la rage au cœur ; matin et soir, tourné vers l'endroit où était autrefois Visage-de-Jade, il la priait ainsi :

— Si vous êtes un esprit, aidez-moi à devenir magistrat dans le Fou-kien.

Par la suite, il fut en effet envoyé dans cette province, en tournée d'inspection, et au bout de trois mois commençait une enquête sur des malversations qu'y avait commises le préfet ; il fit confisquer tous ses biens. Le chef de la police, qui était un de ses cousins, s'était saisi de la petite épouse favorite du coupable. Lang la fit acheter et conduire à sa résidence. Le procès terminé, il donna sa démission et revint en son pays natal en emmenant la femme avec lui.

Lien-souo

Yang Yu-wei avait quitté sa demeure pour se retirer au bord de la rivière Si. Son pavillon donnait sur une campagne déserte, et au-delà du mur d'enceinte étaient plusieurs tombes anciennes. Une nuit, il écoutait le murmure des saules pleureurs pareil au bruit des vagues. La véranda n'était éclairée que par une torche ; il avait l'impression d'une déchirante tristesse ; soudain, une voix s'éleva, de l'autre côté du mur, chantant ainsi :

« Dans la nuit sombre, le vent glacial a cessé de souffler à l'encontre, – L'herbe où brûlent les vers luisants cependant mouille mes sandales. »

La voix, délicate comme une voix de jeune fille, reprit deux fois ce couplet, d'un ton mélancolique. Quand il fit jour, Yang explora les alentours et ne trouva nulle trace de pas. Mais un bout de ruban violet était resté accroché à des ronces. Il le ramassa et le suspendit à sa fenêtre. La nuit, vers la deuxième veille, le chant recommença. Il se leva pour aller voir, et tout se tut aussitôt. Yang comprit que c'était un fantôme ; mais, comme son cœur était touché, la nuit suivante, il alla guetter contre le mur. Sur la fin de la première veille, il vit sortir des herbes une jeune fille qui s'avançait à pas menus, s'appuyant de la main aux arbustes, baissant la tête et chantant tristement. Yang toussa un peu, aussitôt, elle s'enfonça dans le fourré et disparut. Alors, il prit le parti d'attendre, au bas du mur, sans se montrer ; le chant s'éleva de nouveau ; il laissa finir, puis sans quitter sa retraite, il répliqua ainsi :

« Je cache mon amour et prolonge ma douleur sans témoin, – A l'heure où la lune froide seule éclaire mes manches bleues. »

Il attendit : silence profond. Il rentrait en sa chambre, quand il y vit venir une jeune fille ramenant sa robe, qui lui dit :

— Vous êtes un homme de talent, mais vous m'avez fait bien peur.

Il la fit asseoir, et la sentit tremblante et transie de froid comme si ses vêtements ne la protégeaient pas ; il lui demanda quel était son pays et si c'était loin.

— Je suis, répondit-elle, de Loung-si. Je voyageais avec mon père. J'avais dix-sept ans quand je suis morte par accident. Aujourd'hui, j'en ai plus de vingt. Les campagnes souterraines sont désertes et sauvages ; ces vers que je chante comme un oiseau solitaire, je les ai composés moi-même pour dissiper mon regret. J'étais bien loin d'attendre qu'un jour vous me donneriez la réplique, car les joies de la vie sont taries pour moi.

Lang voulut prendre plaisir avec elle. Mais elle dit tristement :

— Les ossements des demeures nocturnes ne sauraient s'accorder avec les hommes vivants, et une joie interdite abrégerait votre destinée. Je ne veux pas faire votre malheur.

Alors, Yang se contentant de menues faveurs glissa la main à sa gorge, dont il sentit les petites crêtes virginales. Il voulut aussi voir les deux agrafes qui retenaient sa robe par le bas. Elle inclina la tête et dit :

— Vous êtes bien indiscret.

Comme il la flattait, il remarqua son corsage couleur de lune, retenu par une tresse de fils de soie multicolores : en y regardant de plus près, il vit que le nœud devait être fait d'un ruban violet ; il demanda pourquoi le ruban n'était plus là.

— L'autre soir, dit-elle, en vous fuyant, j'ai laissé ce bout de ruban je ne sais où.

Il répondit :

— Voici de quoi le remplacer.

Et décrochant le ruban pendant à la fenêtre, il le lui passa à la taille. Elle fut surprise ; il lui expliqua ce qui était arrivé, et rejetant les fils, refit le nœud. En fouillant parmi les livres qui étaient sur la table, elle remarqua le poème des *Palais éclatants*.

— Quand j'étais sur terre, dit-elle, j'aimais à lire ce livre. En le voyant aujourd'hui, il me semble rêver.

Ils causèrent de poésie, et elle montra un esprit charmant. Assis sous la lampe, ils étaient comme de vieux amis. Dès lors, elle vint chaque nuit ; Yang entendait un chant léger, et elle était là.

— Gardez-moi bien le secret, lui recommandait-elle, je suis un peu craintive et j'ai peur qu'un visiteur mal intentionné ne me découvre.

Il le lui promit ; ils étaient heureux ensemble

comme de fidèles époux, et bien qu'ils n'en fussent pas venus aux actes décisifs, ils goûtaient les délicats privilèges de l'intimité. La jeune fille écrivait pour lui, sous la lampe, des caractères d'une parfaite élégance, ou choisissait un passage du poème des *Palais* pour le réciter. Elle le faisait aussi jouer aux échecs, toucher de la guitare, lui apprenait le jeu de dames, ou bien elle prenait l'instrument et jouait le *Chant de la pluie*, si touchant qu'il faisait monter les larmes aux yeux, et Yang ne pouvait l'écouter jusqu'au bout ; alors, elle changeait et prenait l'air du *Jardin de l'aurore*, et tout doucement, le cœur se consolait. Passant le temps ainsi, sous la lampe, elle oubliait l'heure et, voyant soudain la clarté se lever à la fenêtre, elle s'enfuyait en toute hâte.

Un jour, un ami de Yang, nommé Sieh, vint le voir. Yang dormait encore. Sieh aperçut dans la chambre la guitare, l'échiquier ; n'y comprenant rien, il chercha encore parmi les livres, et trouva le *Poème du palais,* écrit d'une jolie écriture. Quand Yang parut, il lui demanda en plaisantant d'où lui venaient ces objets ; Yang répondit qu'il voulait apprendre les échecs et la guitare ; du poème il dit qu'il l'avait emprunté à un ami. Sieh, à force de fouiller, trouva dans le cahier une dernière feuille, où était écrit en petits caractères : « Tel jour de tel mois, Lien-souo a écrit ceci. » Alors il se mit à rire.

— C'est là, un prénom de femme. Pourquoi me tromper ?

Yang, très embarrassé, ne savait qu'inventer. L'autre le questionnait, insistait, il ne disait rien. Enfin, Sieh prit le cahier et fit mine de l'emporter ; alors Yang lui avoua tout. Sieh demanda la permission de voir son amie, Yang lui dit tout ce qui lui était recommandé, mais Sieh fut si pressant qu'il ne put s'en défaire. Dès que la jeune fille fut venue, le soir, il lui dit ce qu'il attendait d'elle. Elle parut fâchée.

— Ce que je n'avais confié qu'à vous, voilà que vous le racontez aux autres.

Il lui expliqua ce qui s'était passé.

— Tout est donc fini entre nous, répondit-elle.

Il eut beau s'excuser, supplier, elle n'entendit rien et partit en disant :

— Il est temps que je m'enfuie.

Le lendemain, quand Sieh arriva, Yang lui expliqua qu'il ne pouvait tenir sa promesse. L'autre crut à un prétexte, et revint vers le soir avec deux camarades. Ils s'obstinèrent à rester ; Yang eut beau leur faire mauvais accueil, ils discoururent jusqu'à la nuit. Yang les regardait de travers, mais ne pouvait se débarrasser d'eux. Ce n'est que vers minuit qu'ils se décidèrent à partir ; alors, comme le tumulte des voix s'était apaisé, on entendit tout à coup un chant ; tous écoutèrent, le chant était faible, presque imperceptible. Sieh, ravi, prêtait l'oreille, mais un de ses camarades, un brutal nommé Wang, jeta une pierre de ce côté, en s'écriant :

— Voilà bien des façons pour ne pas se montrer ! Assez chanté ! assez pleuré ! On en a le cœur chaviré.

Le chant s'était arrêté ; tous étaient en colère contre Wang, mais surtout Yang qui ne chercha pas à cacher son indignation.

Le lendemain, comme ils étaient enfin partis, Yang demeura seul dans son pavillon, et toute la nuit attendit son amie qui ne vint pas. Elle arriva le jour suivant tout en larmes, et lui dit :

— Vous avez donc voulu que vos méchants amis me fassent mourir de peur ?

Yang n'eut pas le temps de s'excuser. Déjà elle partait sur ces mots :

— Je pensais bien que notre destin était fini. Adieu !

Il voulut la retenir, elle avait disparu. Pendant plus d'un mois, elle ne se montra pas : Yang ne cessait de penser à elle, il n'avait plus que les os sous la peau, et rien ne pouvait lui ramener ce qu'il avait perdu. Un soir qu'il était seul après son repas du soir, la jeune fille, tout à coup, souleva la portière et entra. Au comble de la joie, il lui dit :

— Vous m'avez pardonné ?

Elle pleurait, les larmes tombaient sur sa poitrine, elle se taisait. Comme il la pressait de questions, elle finit, après de longues hésitations, par dire :

— Je ne suis plus fâchée. D'ailleurs, quand on s'empresse d'aller rejoindre un homme, il faut s'attendre à des affronts.

— Qu'y a-t-il donc ? demanda-t-il à plusieurs reprises.

Elle dit enfin :

— Je ne sais d'où est venu un démon, qui veut me forcer à devenir sa maîtresse. Moi, une fille de bonne maison, me soumettre à un de ces serviteurs de l'enfer ! Mais je suis faible et languissante. Comment lui résister ? Si vous alliez jusqu'à me traiter vraiment en épouse, il faudrait renoncer vous-même à la vie.

Yang, transporté de colère, était prêt à mourir ;

il craignait seulement que le démon, par la différence de sa nature, ne vint à lui échapper.

— Dormez de bonne heure la nuit prochaine, et je vous conduirai en rêve.

Ils se livrèrent ensuite à leurs entretiens les plus doux jusqu'au point du jour. En partant, elle lui recommanda encore de s'endormir avec la nuit et de ne plus bouger. Dans l'après-midi, Yang eut soin de boire un peu, puis à la faveur d'une légère ivresse, il s'étendit sur son lit tout habillé et s'assoupit. Soudain, son amie reparut, lui remit un poignard et le prit par la main. Ils arrivèrent à un pavillon ; à peine avaient-ils fermé la porte, qu'au dehors s'élevèrent des voix, et des pierres furent lancées contre la porte.

— Voilà mon ennemi, dit la jeune fille effrayée.

Yang s'élança dehors et se trouva en présence d'un homme au bonnet rouge, à la robe bleue. Les cheveux hérissés de colère, la bouche tordue, cet homme l'interpella, et tous deux firent d'abord assaut d'insultes, mais Yang, furieux, s'élança sur son adversaire qui, ramassant des pierres, les lui lança en grêle. Atteint au poignet, Yang ne pouvait tirer son arme, et il allait tomber, quand il vit accourir un homme armé d'un arc et de flèches ; il reconnut son camarade Wang, l'appela au secours à grands cris. Wang banda son arc, tira, atteignit le démon à la cuisse. D'une seconde flèche, il l'étendait mort. Yang remercia avec effusion Wang et lui expliqua l'affaire.

— Je suis heureux, dit Wang, d'avoir réparé mes torts d'autrefois.

Ils allèrent ensemble retrouver la jeune fille ;

tremblante et confuse, elle se leva à leur approche, sans dire mot. Sur la table se trouvait un poignard long d'un pied, orné d'or et de jade ; sorti de sa gaine, son éclat éblouissait. Wang, tout heureux de son exploit, tenait son ami par la main et lui dit quelques mots ; mais voyant la jeune fille troublée à faire pitié, il se sépara de lui et partit. Yang se retira aussi, franchit le mur de sa cour et tomba. Il s'éveilla alors en sursaut, en entendant les coqs chanter de toutes parts. Son poignet lui faisait mal ; il regarda, et vit la peau rougie et très enflée. A midi, Wang vint le voir et lui parla d'un songe extraordinaire.

— Vous y tiriez de l'arc, dit Yang.

Wang fut surpris que son ami en fût déjà informé, Yang lui montra son poignet et lui dit tout. Wang se rappela le joli visage qu'il avait vu en rêve et regretta de ne pas le voir en réalité, car ayant eu le bonheur de rendre un service, il eût voulu implorer son pardon. Le soir, la jeune fille vint remercier Yang qui rejeta tout le mérite sur son ami et lui transmit sa requête.

— Certes, répondit-elle, il serait injuste que j'oublie un secours aussi héroïque ; mais il est si violent que j'ai peur de lui.

Elle ajouta :

— Je crois que mon poignard lui plaisait. C'est mon père qui l'a acheté à Canton, pour cent pièces d'or, et me l'a donné. Comme j'aimais à le porter, je l'ai enveloppé d'une gaine de fil d'or et de perles. Mon père, par pitié pour ma fin prématurée, l'a fait ensevelir avec moi. Je veux y renoncer pour le donner à votre ami. En le voyant, il croira me voir.

Le jour suivant, Yang fit part de cette intention à Wang qui en fut ravi. Le soir, la jeune fille apportait en effet le poignard, en disant :

— Recommandez-lui de le garder précieusement, car ce n'est pas un objet chinois.

Depuis lors, elle recommença à venir comme autrefois. Quelques mois après, comme ils étaient réunis, elle regarda Yang en souriant, comme si elle voulait dire une chose. Elle rougit, et trois fois fut sur le point de parler. Yang, la prenant dans ses bras, lui demanda ce qu'il y avait.

— Depuis que j'éprouve le bienfait de votre amour, dit-elle, j'ai pris du souffle vital. A force d'absorber du feu chaque jour, mes os blanchis sont tout prêts à revivre. Il ne me manque plus que de l'essence de sang et je reviendrai à la vie.

Yang sourit :

— Ce qui vous manque à vous-même, pourquoi irais-je le ménager ?

Elle dit :

— Mais quand je l'aurai reçu, vous serez gravement malade pendant une vingtaine de jours. Toutefois, en vous soignant, vous guérirez.

Ils prirent alors plaisir ensemble, puis elle se leva et, rajustant ses vêtements, elle dit encore :

— Il ne faut qu'une goutte de sang, grâce à la force de notre amour.

Yang prit un couteau pointu et s'ouvrit le bras. La jeune fille, couchée sur le lit, fit couler le sang sur son nombril ; puis elle se leva et dit :

— Je ne viendrai plus. Comptez maintenant cent jours et venez à mon tombeau ; il y a devant un oiseau bleu qui chante à la cime d'un arbre. Hâtez-vous alors d'enlever la terre.

Yang écoutait avec soin ; elle répéta encore au moment de sortir :

— Ne vous trompez pas dans votre compte surtout. Il ne faut venir ni trop tôt, ni trop tard.

Elle partit. Après une dizaine de jours, Yang commença à souffrir atrocement du ventre. Un médecin lui donna un remède ; il rendit une sorte de boue et en quelques heures fut guéri. Quand le centième jour fut venu, accompagné d'un serviteur chargé des outils, il découvrit, vers le soir, deux oiseaux bleus qui chantaient.

— C'est là, dit-il. Et il se mit en devoir de couper les ronces, d'enlever la terre. Bientôt apparut un cercueil dont le bois était pourri. Mais la jeune fille qui y était couchée semblait vivante. Il la toucha, elle était légèrement tiède. Il la vêtit, la rapporta à la maison, l'exposa à une douce chaleur. Le souffle lui revint tout doucement, mais sa vie ne tenait encore qu'à un fil. On lui donna avec précaution du bouillon, et vers le milieu de la nuit, elle revint à elle en disant :

— Dix années ont passé comme un rêve.

Wang Cheu-siou

Wang Cheu-siou habitait avec son père au bord du lac de Toung-t'ing. C'étaient des hommes fort vigoureux, capables de soulever dans leurs bras un mortier de pierre, et tous deux excellaient au jeu du ballon : personne, d'un coup de pied bien ajusté, ne le lançait aussi loin qu'eux.

Wang Cheu-siou eut le malheur de perdre son père quand celui-ci était encore dans la force de l'âge. Ayant dû se rendre dans la province du Hou-nan, au sud du lac, il s'était noyé en traversant le lac de Ts'ien-t'ang qui lui fait suite.

Huit ans s'étaient écoulés depuis cet accident, quand Wang Cheu-siou eut à son tour des affaires qui l'appelaient au Hou-nan. Il s'embarqua et fit la traversée du lac de Toung-t'ing. La nuit était très belle, et Wang était resté sur le pont, sans aller dormir. La lune se levait à l'orient, et les flots sous ses rayons brillaient comme la soie. A force de regarder, en clignant des yeux pour mieux voir, Wang finit par découvrir, au loin, dans cette traînée lumineuse, cinq silhouettes humaines qui sortaient de l'eau. La vision se précisa : les hommes tiraient après eux une grande natte qu'ils étendirent bien à plat sur la surface du lac ; elle couvrait bien la moitié d'un arpent. Ils s'y installèrent, et une collation leur fut servie. Le bruit des assiettes et des coupes parvenait jusqu'à Wang, plus grave et plus fort que celui de nos ustensiles de terre.

Trois de ces personnages étaient assis sur la natte ; deux autres, debout derrière eux, les servaient. Parmi les personnages assis, l'un était vêtu de jaune, les deux autres de blanc, tous trois coiffés de bonnets noirs. Ils se tenaient épaule contre épaule, d'une étrange et majestueuse façon. A la clarté confuse de la nuit, Wang ne distinguait pas très bien les serviteurs – tous deux vêtus de noir et d'une étoffe assez grossière, autant qu'on pouvait en juger, l'un semblait un tout jeune homme et l'autre un homme âgé.

Soudain, dans le grand calme de la nuit sur les eaux, le son d'une voix fut porté jusqu'à Wang. Il crut, à un léger mouvement, reconnaître que c'était le personnage habillé de jaune qui parlait.

— Quel plaisir de boire ensemble par un si beau clair de lune.

A quoi un de ses voisins répondit :

— Oui, dans un tel paysage, on croit voir le roi de la mer du sud, qui donne une fête sur le promontoire des poiriers fleuris.

Alors, les trois personnages s'amusèrent à faire flotter leurs gobelets sur l'eau, mais ils baissèrent le ton, et on cessa de distinguer leurs paroles. Auprès de Wang, les hommes de l'équipage, qui avaient à leur tour aperçu l'apparition, l'observaient sans oser bouger ni souffler. Wang concentrait son attention sur les serviteurs : il trouvait au plus âgé une forte ressemblance avec son père ; mais quand il parlait, ce n'était pas la voix de son père.

Il était près de minuit. Une voix s'éleva, et on comprit ces mots :

— Profitons de la clarté de la lune pour faire une partie de ballon.

Le jeune garçon plongea aussitôt et reparut, après un instant, tenant entre ses mains une boule qui paraissait faite de vif-argent et lumineuse à la surface. Les trois personnages se levèrent, et celui qui était vêtu de jaune invita le serviteur âgé à prendre part au jeu. Il ne se fit pas prier et, du premier coup, lança le ballon en l'air à plusieurs toises ; son éclat éblouissait les yeux. Mais il ne put le rattraper, et le ballon retomba avec fracas sur le pont de l'embarcation.

Wang n'écouta que son instinct de joueur : debout en un instant, il le relança à son tour, de toutes ses forces. Il le sentit extraordinairement léger et crut l'avoir brisé. Mais le ballon montait rapidement, illuminé, par l'intérieur, de tous les reflets de l'arc-en-ciel, et retombait, comme une étoile filante, cette fois dans l'eau, qui l'engloutit avec un bouillonnement intense.

Les trois personnages étaient furieux. On les entendait crier :

— Quel est cet être vivant qui se permet de troubler nos jeux ?

Le vieux serviteur essayait de les calmer :

— Ne vous fâchez pas. C'est un coup de mon gamin, un garnement.

Mais son intervention eut pour effet d'exaspérer un des personnages en blanc.

— Vieil insolent, cela t'amuse ? Va bien vite,

avec le petit noireau, me chercher le coupable, ou bien il t'en cuira.

Wang n'avait aucun moyen d'échapper, et, cependant, il n'avait pas peur. Le couteau à la main, il se mit en garde, debout et bien en vue au milieu du bateau.

Dans un trait de lumière, les autres bondissaient, en brandissant, eux aussi, des sabres, et c'est alors que Wang reconnut son père. Il l'appela :

— Père, c'est ton enfant qui est là.

Ils se regardèrent avec désespoir, et, pendant ce temps, le jeune serviteur s'en alla.

— Cache-toi bien vite, dit le vieux, ou nous sommes perdus.

Mais déjà les trois personnages accouraient, escaladaient le bordage. Leurs visages étaient d'un noir de laque, leurs prunelles plus grosses que des olives. Ils écartèrent le vieux et se jetèrent sur Wang. La lutte s'engagea terrible, le bateau tremblait, les cordages étaient coupés. Enfin, Wang, d'un violent coup de couteau, abattit un bras du personnage en jaune, qui tomba à l'eau et disparut. Restaient les deux compagnons en blanc. Comme l'un s'élançait, il lui porta un coup à la tête qui lui fendit le crâne, et le précipita par-dessus bord. Le survivant s'enfuit.

Les marins qui, cette nuit-là, faisaient la traversée du lac Toung-t'ing aperçurent, de loin à la ronde, une gueule immense sortir des eaux, béante et profonde comme un puits. De toutes parts, les flots roulaient avec fracas dans cette direction, quand, tout à coup, une trombe jaillit, s'éleva jusqu'au ciel étoilé. Les barques étaient secouées comme des tamis à vanner le grain. Celle de Wang était la plus menacée. Elle portait comme lest deux tambours de pierre, pesant plus de cent livres chacun. Wang prit l'un d'eux et le jeta par-dessus bord. Il tomba avec un bruit de tonnerre, et les vagues furent moins hautes. Il jeta l'ancre, et la tempête s'apaisa. Son père était auprès de lui, mais Wang n'osait trop s'approcher, craignant que ce ne fût un revenant. Il devina cette crainte et rassura son fils :

— Non, je ne suis pas mort. Sur les dix-neuf hommes qui furent engloutis dans le lac, ce jour-là, tous les autres ont été dévorés par les démons des eaux, j'ai eu la vie sauve à cause de mon talent pour le jeu de ballon.

Le père et le fils prirent tous deux les rames et, de concert avec l'équipage, poussèrent le bateau loin de ce lieu maléfique.

Quand l'aurore parut, on découvrit sur le pont un énorme aileron de requin, long de cinq pieds : c'était le bras coupé du personnage à l'habit jaune.

Ts'ing-ngo

Houo-houan, de son prénom K'ouang-k'ieou, était originaire du pays de T'sin. Son père, un haut fonctionnaire, était mort quand il était tout jeune encore. Très intelligent, il entrait dès sa onzième année, en qualité d'enfant prodige, à l'école supérieure. Sa mère l'aimait follement et lui défendait d'aller ailleurs qu'à l'école ou à la maison. A treize ans, il ne savait encore ce que c'était qu'un oncle ou un cousin.

Il y avait dans le même quartier un certain Wou, intendant de temple, qui par dévotion à la Voie s'était retiré dans la montagne en laissant une fille nommée Ts'ing-ngo. Elle avait alors quatorze ans et était fort jolie. Dès son enfance, elle avait lu en cachette les livres de son père et voulait devenir pareille à Ho l'immortelle. Son père avait donné secrètement l'instruction de ne pas la marier ; aussi la mère était-elle fort embarrassée.

Un jour que Houo-houan sortait de chez lui, il la vit passer tout à coup, et bien qu'il ne la connut pas, il s'éprit d'elle aussitôt, si violemment qu'il ne put rien lui dire ; mais il alla prier sa mère de la faire demander en mariage. Sachant qu'on ne l'accorderait pas, la mère fit des difficultés. Le chagrin du jeune garçon fut si affreux que, prise de peur, elle voulut lui donner satisfaction et chargea des voyageurs d'aller consulter le père dans sa montagne ; mais ils en rapportèrent, comme elle s'y attendait, un refus. Le jeune homme ne cessait de penser à Ts'ing-ngo et ne savait qu'inventer, quand un jour, un religieux taoïste s'arrêta devant la porte ; il tenait à la main une petite truelle à peine longue d'un pied. Le jeune homme remarqua cet objet et lui en demanda l'usage.

— C'est, répondit l'autre, un outil pour arracher les simples ; il a beau être petit, il pénètre la pierre la plus dure.

Comme Houo restait incrédule, le religieux frappa une pierre au haut du mur : elle se laissa entamer comme du beurre. Le jeune homme émerveillé prit la truelle et ne se lassait pas de la considérer.

— Si elle vous plaît, dit le religieux en souriant, je vous la donne.

Il voulut lui payer le prix, l'autre n'accepta rien et s'en alla. De retour avec son instrument, Houo l'essaya sur différentes pièces de la maison : aucune ne résistait. L'idée lui vint alors que s'il perçait le mur de la maison de Wou, il pourrait contempler sa bien-aimée ; il ne savait pas que c'était un acte répréhensible. A la nuit, il sortit donc de chez lui en sautant le mur ; arrivé chez Wou, il perça deux enceintes successives et se trouva dans la maison. Il vit dans une aile une lumière encore allumée et regarda de ce côté : c'était Ts'ing-ngo qui faisait sa toilette de nuit. Au bout d'un moment, la lumière s'éteignit, le silence régna. Alors, il perça la cloison : la jeune fille était endormie. Il retira doucement ses souliers et monta sans bruit sur le lit ; puis, réfléchissant que si Ts'ing-ngo venait à s'éveiller elle le verrait et ameuterait toute la maison, il s'étendit à côté des couvertures brodées. Il respirait son souffle parfumé, tout ému de désir ; mais vers minuit, la fatigue le prit ; il ferma les yeux et s'endormit aussitôt.

La jeune fille vint à s'éveiller ; elle entendit un souffle régulier auprès d'elle. En ouvrant les yeux, elle vit le clair de lune par la brèche du mur. Effrayée, elle se leva et, sans faire de lumière, alla secouer la femme de chambre qui s'éveilla, ouvrit la porte, sortit légèrement et alla heurter aux fenêtres en appelant les femmes de la maison ; elles accoururent avec des bâtons et des torches : on découvrit un jeune étudiant aux cheveux non nattés encore, qui dormait d'un profond sommeil. On le reconnut, on le poussa, il s'éveilla et se dressa, ses yeux étincelaient, pourtant, il ne paraissait pas trop effrayé, mais tout rouge de honte, il ne soufflait mot. Les femmes le montraient du doigt en criant :

— Voleur !

— C'est parce que j'aime Mademoiselle que j'ai voulu m'approcher de son influence embaumée.

On en doutait : comment croire qu'un enfant eût percé toutes ces murailles ? Il montra alors sa truelle, on l'essaya, et toutes admirèrent ce présent divin. On parla d'avertir la mère. Ts'ing-ngo, la tête penchée, restait pensive et ne semblait pas être de cet avis. On la comprit.

— C'est un jeune homme de bonne famille qui n'a rien à se reprocher jusqu'ici. Il vaut mieux le laisser aller et le prier de faire une demande régulière. A quoi bon faire une enquête sur ce faux voleur et prévenir Madame ?

Ts'ing-ngo ne répondit rien. On poussa le jeune garçon dehors ; il prit sa truelle. On rit.

— C'est un gaillard ; il n'oublie pas son instrument de malheur.

Au bord de l'oreiller, il vit encore une épingle de coiffure et la cacha dans sa manche. La femme de chambre, ayant aperçu le geste, en avertit sa jeune maîtresse qui ne dit rien et ne parut pas fâchée. La vieille nourrice, se frappant la poitrine, dit alors :

— Ne parlons pas de cela. Ce gaillard-là a l'air de savoir ce qu'il veut, malgré son jeune âge.

On l'entraîna ; il se sauva par le trou qu'il avait fait.

De retour chez sa mère, il n'osa rien lui raconter, mais la pria de tenter une nouvelle démarche. Ne se souciant pas d'un refus, elle chargea une entremetteuse de chercher une autre union. Ts'ing-ngo eut connaissance de ce projet ; inquiète, elle fit confidence de ces sentiments à sa vieille nourrice qui s'empressa d'avertir l'entremetteuse. Par malheur, une petite servante raconta ce qui s'était passé, si bien que la dame Wou, au comble de l'indignation, reçut très mal la messagère quand elle se présenta ; frappant le sol de son bâton, elle maudit la mère et le fils ; la visiteuse s'enfuit et rapporta tout à la mère de Houo-houan qui s'emporta à son tour contre son fils.

— Voilà ce que vous avez fait, fils indigne, et je

serais assez sotte pour aider à vos déportements ! Couchez avec qui vous voudrez. A garçon libertin, femme impudique, tous deux bons à tuer.

Elle fit part à tous ses parents et amis de ce qui était arrivé, si bien que Ts'ing-ngo, à qui on alla le redire, pensa mourir de honte. La dame Wou, malgré toute son indignation, ne pouvait divulguer une telle aventure et ordonnait de n'en pas parler. Ts'ing-ngo envoya une personne sûre à la mère du jeune homme, pour lui jurer qu'elle ne changerait jamais de sentiment. Ce langage était si désespéré que la vieille dame en fut touchée et cessa ses récriminations ; mais après en avoir conféré avec sa parenté, elle s'abstint de toute démarche.

Il se trouva que le gouverneur de la ville, ayant remarqué le talent de Houa-houan, l'avait pris en haute estime. Il lui donna un emploi dans son administration et le combla de faveurs.

— Etes-vous marié ? lui demanda-t-il un jour.

— J'avais, répondit Houo, engagé ma foi à la fille de M. Wou, l'ancien intendant du temple, mais par suite d'un malentendu, ce mariage a été rompu.

— Le désirez-vous encore ?

Houo rougit et ne répondit rien. Le gouverneur sourit :

— Je m'en charge, dit-il.

Un de ses officiers alla de sa part offrir les présents d'usage, et la dame Wou consentit. Le mariage eut lieu l'année suivante.

En entrant dans la chambre nuptiale, Ts'ing-ngo jeta à terre la truelle magique en disant :

— Il faut nous défaire de cet outil de voleur.

— N'oubliez pas, dit Houo-houan en souriant, qu'il a fait notre mariage. C'est un trésor que je garderai toujours avec moi.

La jeune femme était douce et réservée. Trois fois par jour, elle allait visiter sa belle-mère, et le reste du temps, demeurait assise et seule dans sa chambre. Elle ne montrait pas un goût prononcé pour les travaux de la maison, mais si la vieille dame s'absentait pour quelque visite, tout se trouvait fait avec ordre et exactitude. La deuxième année, elle eut un fils qu'on appela Meng-sien et à qui elle donna une nourrice aussitôt. Elle n'en témoignait pas grand souci. Quatre ou cinq ans encore se passèrent. Un jour, elle dit tout à coup à son mari :

— Le tendre lien qui nous unit en est à sa huitième année. Réunion brève, longue séparation. Qu'y faire ?

Houo-houan, effrayé, lui demanda des explications, mais elle garda le silence. Elle alla rendre visite à sa belle-mère, toute parée, et rentra dans sa chambre. Houo-houan l'y suivit pour éclaircir ce mystère : elle était étendue sur son lit et avait cessé de vivre. La mère et le fils désolés lui firent de belles funérailles, et la mère, malgré son âge avancé, soigna l'enfant comme s'il eût été le sien. Elle y usa ses dernières forces et tomba gravement malade. Elle ne pouvait plus supporter aucun aliment, sauf la soupe de poisson. Or, il n'y avait pas de poisson dans le pays et il fallait aller à dix lieues de là pour s'en procurer. Le hasard fit que les courriers étaient tous partis en d'autres directions. Houo-houan, n'écoutant que son dévouement filial, ne put attendre et se mit en route, tout seul, voyageant nuit et jour. Au retour, comme il traversait la montagne, le soir tombait, il avait mal aux pieds et pouvait à peine avancer. Une vieille femme vint à passer, elle lui dit :

— Voulez-vous que je vous lave les pieds ?

Il s'empressa d'y consentir ; la vieille le fit asseoir au bord du chemin, battit le briquet pour faire du feu, enveloppa de papier une certaine poudre et exposa à la vapeur les pieds de Houo-houan. Quand il essaya de marcher, non seulement la douleur avait disparu, mais il se sentait plus solide. Comme il se confondait en remerciements, la vieille lui demanda pourquoi il s'épuisait ainsi ; il lui raconta son histoire.

— Pourquoi, dit-elle, ne pas prendre une seconde femme ?

— Je n'en ai pas trouvé à mon goût.

Alors, lui montrant du doigt un village dans la montage, elle dit :

— Je connais là une jeune fille à marier ; si vous voulez me suivre, je vous présenterai.

Il s'excusa sur la maladie de sa mère, qui ne lui permettait pas un retard. La vieille, joignant les mains, lui fit promettre de revenir un autre jour.

— Vous n'aurez, dit-elle, une fois dans le village, qu'à demander le vénérable prince.

Quelques jours plus tard, sa mère se trouvant mieux, grâce à son dévouement, Houo-houan fit seller ses chevaux et partit avec un valet à la découverte. Mais parvenu à l'endroit de sa rencontre, il ne sut où était le village. Comme il tournait de tous côtés, le soir commença à tomber, et dans ce chaos de montagnes et de vallées, on ne pouvait plus interroger l'horizon. Houo-houan convint avec son valet qu'il allait monter sur un sommet pour tâcher de découvrir ce village. Comme le chemin était escarpé, il laissa son cheval et grimpa à pied. Les ombres s'épaississant, il avançait en regardant de tous côtés et ne vit rien. A la descente, il ne voyait plus son chemin. Le cœur lui brûlait, il fuyait au hasard, et la nuit devenait pareille à un mur. Il aperçut, à quelques pieds au-dessous de lui, un tertre fort étroit, couvert d'herbes sauvages ; il y descendit pour se reposer : à peine s'y était-il étendu qu'il découvrit à ses côtés un abîme noir et sans fond. Epouvanté, il n'osait faire un mouvement. Par bonheur, la pente était couverte d'arbrisseaux qui firent barrière et l'empêchèrent de tomber. Un moment après, il aperçut à ses pieds l'ouverture d'une petite caverne. Tout heureux, il y entra en rampant, le dos à la pierre. Son intention était d'y rester jusqu'au lendemain, pour appeler alors au secours. Il y était à peine que devant lui se découvrit une profondeur étincelante comme si des étoiles y eussent brillé ; il s'avança encore et, un quart de lieue plus loin, il découvrit tout à coup des palais et des maisons, éclairées comme en plein jour, bien qu'on n'y vît trace de lanternes. Une jeune femme sortit d'un pavillon : c'était Ts'ing-ngo. Elle parut surprise.

— Comment avez-vous pu venir ?

Sans autre explication, Houo-houan lui prit les mains en gémissant. Elle l'arrêta doucement, demanda des nouvelles de sa belle-mère, de son enfant. Quand il lui eut répondu, elle parut affligée aussi. Houo-houan lui dit :

— Voilà plus d'un an que vous êtes morte. N'est-ce pas ici le royaume obscur ?

— Non, dit-elle, c'est le palais des Immortels. Je ne suis pas morte. Vous avez enseveli à ma place un morceau de bois. Puisque vous êtes venu, c'est que vous avez obtenu l'immortalité. Je vais vous conduire à mon père.

Un personnage à longue barbe était assis au bout d'une salle. Ts'ing-ngo présenta son mari qui salua ; le vieillard lui tendit la main et, après les compliments d'usage, lui dit :

— Je suis heureux que mon gendre soit arrivé. Il faut rester avec nous désormais.

Houo-houan dit que sa mère l'attendait.

— Je le sais bien, dit le vieillard, restez au moins quelques jours ; il n'y a pas de mal à cela.

Il lui fit apporter une collation et dresser dans une salle latérale un lit aux couvertures brodées. Le jeune homme, après l'avoir reconduit, entraîna sa femme vers le lit. Elle résista.

— Ce n'est pas le lieu convenable pour cela.

Il lui tenait le bras et ne la lâchait pas. Derrière la fenêtre éclata le rire moqueur d'une servante, qui redoubla la honte de Ts'ing-ngo. Comme ils luttaient ensemble, la voix du vieux cria :

— Si une chair vulgaire vient souiller mon palais, je l'en ferai sortir.

Le jeune homme accablé d'humiliation et de colère, changea de visage.

— La jeunesse, dit-il, ne saurait échapper à l'amour. Les gens d'âge n'ont qu'à fermer les yeux. Quant à moi, je ne vois nul inconvénient à partir, pourvu que ma femme m'accompagne.

Le vieillard ne fit pas d'objection, et ordonnant par un geste à sa fille de les suivre, alla ouvrir la porte de derrière, mais à peine Houo-houan avait-il passé qu'il repoussa les battants. Le jeune homme en se retournant trouva derrière lui une paroi escarpée et sans la moindre fente, luisante, polie et qui ne laissait aucun espoir de revenir en arrière. La lune était déjà haute dans le ciel et les étoiles s'effaçaient. Après un moment de déception, son chagrin se changea en colère ; le visage contre le rocher, il appelait, appelait : pas de réponse. Au comble de l'indignation d'avoir été joué ainsi, il songea soudain à sa truelle, et la tirant de sa ceinture, il se mit à attaquer la pierre avec rage, tout en criant des injures. En un clin d'œil, il avait fait un trou de quelques pieds. Il entendit alors parler à l'intérieur.

— Malheur ! disait-on.

Il redoubla d'efforts et finit par arriver à la porte qu'il ouvrit. Poussant Ts'ing-ngo dehors, il s'écriait :

— Sauvons-nous, avant que la paroi se referme !

Elle était mécontente :

— Si vous aimez votre femme, pourquoi traiter ainsi son père ? Et pourquoi ce religieux vous a-t-il donné cet instrument maudit qui favorise les passions funestes ?

Mais Houo-houan avait ce qu'il voulait, il jugea inutile de discuter, et ne s'inquiétait que de la difficulté du chemin. Alors Ts'ing-ngo prit son parti de le suivre. Elle cassa deux branches d'arbres. Ils montèrent chacun sur l'une d'elles qui se changea en un coursier rapide, et en un instant, ils furent de retour.

Il y avait sept jours que Houo-houan était parti. Quand le domestique était revenu en annonçant qu'il l'avait cherché vainement dans la montagne, la mère avait fait battre le pays sans qu'on retrouvât la moindre trace. On juge de sa joie quand on lui annonça son fils. Elle alla au devant de lui et, levant la tête, aperçut aussi sa belle-fille ; Houo-houan calma sa frayeur en lui racontant ce qui s'était passé. Ce fut alors une joie sans mélange. Mais à cause de l'étrangeté des apparences, Ts'ing-ngo craignit que l'aventure ne fût connue ; elle demanda donc à sa belle-mère de changer de résidence. Ainsi fut fait. Comme un poste se trouvait libre dans un autre district, la famille alla s'y établir aussitôt, et personne ne sut ce qui était arrivé. Ils vécurent là encore dix-huit années, eurent une fille qu'ils marièrent. Enfin la mère mourut de vieillesse. Alors Ts'ing-ngo dit à son mari :

— Dans les campagnes de mon pays, quand une poule a fait huit couvées, on lui creuse un tombeau. Votre mère est allée rejoindre votre père, et nos enfants sont grands. Nous irons visiter la tombe de vos parents et ne reviendrons plus.

Houo-houan accepta. Un mois plus tard, Meng-sien étant venu leur rendre visite ne trouva personne ; une vieille servante lui dit :

— Ils sont allés à la sépulture et ne sont pas revenus.

Meng-sien savait que ses parents ne ressemblaient pas au reste des hommes ; il fit un long soupir et ce fut tout.

Ce Meng-sien passa ses examens avec succès. Etant allé à la capitale pour le grand concours, il y fit connaissance d'un étudiant de dix-huit ans qui avait fort bonne mine et se nommait Tchoung-sien. Il l'interrogea sur sa famille et reconnut ses parents. L'autre n'en voulait rien croire, parce que l'âge ne s'y prêtait pas.

— Mes parents, dit Meng-sien, sont des Immortels, on ne peut juger de leur âge sur leur mine.

Tchoung-sien emmena Meng-sien chez lui, mais ils arrivaient à la porte, quand on vint lui annoncer que ses parents avaient disparu dans la nuit.

— Hier soir encore, dit la femme de Tchoung-sien, nous buvions le vin chaud ensemble et notre mère, entre autres choses, me disait qu'aujourd'hui votre frère aîné viendrait.

Tchoung-sien voulait entreprendre des recherches, Meng-sien savait bien que cela ne servirait à rien et l'en empêcha. On ne sut jamais ce qu'étaient devenus Houo-houan et Ts'ing-ngo.

Foung Troisième

Mlle Fan Onzième était jeune, jolie et d'une grâce sans pareille. Son père et sa mère l'aimaient beaucoup, et comme on la recherchait en mariage, ils la laissaient libre de décider à sa guise, mais elle avait refusé tous les prétendants. Un jour que c'était la fête au couvent voisin et que les nonnes tenaient une grande assemblée où les jeunes filles se pressaient en foule, elle s'y rendit aussi. Comme elle se promenait là, une autre jeune fille s'approcha rapidement et à plusieurs reprises, la regarda comme si elle voulait lui parler. Onzième l'examina aussi ; elle avait seize ans et était très belle. Onzième, charmée, ne la quittait plus des yeux à son tour. Elle sourit légèrement.

— N'êtes-vous pas, dit-elle, Mlle Fan Onzième ?

— Oui.

— Depuis longtemps j'entends votre éloge, et je vois qu'il était mérité.

— Et vous, qui êtes-vous ?

— Foung Troisième, du village voisin.

Elles se prirent par les manches et se mirent à causer, heureuses, confiantes, tendres ; bientôt elles s'aimaient à ne pouvoir se quitter.

— Pourquoi, demanda Onzième, ne pas vivre ensemble ?

— J'ai perdu père et mère ; il ne me reste qu'une vieille aïeule que j'ai laissée à la maison ; je ne puis venir.

Sur le point de se séparer, Foung avait les larmes aux yeux, et Onzième était bouleversée. Elle pria son amie de l'accompagner.

— Votre maison est opulente, répondit Foung, et la mienne modeste ; je crains de m'attirer des critiques.

Onzième insista.

— Une autre fois, dit-elle.

Alors Onzième lui donna une de ses épingles d'or en souvenir. Foung détacha aussi une de ses épingles et la lui remit. Onzième rentra, en proie au trouble de ses pensées.

L'épingle n'était ni en or ni en jade ; personne dans la maison n'en avait vu de pareille. Chaque jour, la jeune fille espérait que son amie viendrait, et la déception finit par la rendre malade. Ses parents l'ayant interrogée envoyèrent au village voisin : personne n'y connaissait ce nom. Un mois passa : Onzième dépérissait de plus en plus. Un jour, soutenue par une servante, elle était allée au jardin où on lui installait des coussins à l'ombre, quand une jeune fille monta sur le mur et regarda ; c'était Foung Troisième.

— Venez m'aider !

La servante sourit et l'aida à sauter. Alors Onzième, de joie, se souleva un peu, fit asseoir Foung auprès d'elle et lui reprocha son manque de parole ; elle lui demanda aussi où elle habitait.

— Ma maison est bien loin d'ici, j'étais en

visite chez mon oncle, et j'ai plaisanté : c'est lui qui habite au village voisin. Après vous avoir quittée, j'ai eu bien du chagrin, mais les relations des pauvres et des riches s'arrêtent au seuil de la maison. A l'instant, j'avais honte, je craignais les regards méprisants de votre servante. C'est pourquoi je ne suis plus venue. Mais en passant le long de ce mur, j'ai entendu votre voix, je suis montée, j'avais espoir de vous apercevoir, et mon vœu s'est accompli.

Onzième lui dit sa maladie, et Foung fondit en larmes.

— Je viendrai, dit-elle, mais en secret. Je ne puis supporter les paroles qui courent et les rumeurs qui se répandent.

Onzième approuva cette résolution ; elles revinrent ensemble à la maison et dans le même lit se livrèrent avec délices à leur tendresse ; la malade fut guérie. Elles convinrent de se traiter de sœurs, échangèrent leurs robes, leurs souliers. Dès que quelqu'un entrait, Foung se cachait sous les rideaux. Après cinq ou six mois, la dame Fan en apprit quelque chose. Elle entra brusquement un jour que les deux amies jouaient ensemble aux échecs ; elle examina Foung :

— Sans doute êtes-vous l'amie de ma fille ?

Puis s'adressant à Onzième :

— Votre père et moi ne pouvons que trouver heureux que votre amie soit en votre chambre. Pourquoi ne nous l'avoir pas dit ?

Onzième lui expliqua le scrupule de Foung. La dame Fan dit alors à celle-ci qu'elle la voyait avec joie demeurer près de sa fille et qu'il n'y avait pas de raison pour s'en cacher.

Foung, rouge de honte, maniait sa ceinture sans répondre un mot. Sitôt la mère partie, elle voulut s'en aller. Onzième parvint à la retenir. Mais peu après, un soir, elle l'aperçut qui rentrait dans la chambre en courant toute éperdue :

— Je vous disais bien que je ne pouvais pas rester. Je viens d'avoir un grand affront.

— Qu'y a-t-il donc ?

— Je m'étais levée pour un petit motif, quand un jeune homme a failli me heurter en passant. J'ai pu me sauver, mais comment oser encore lever le front ici ?

Onzième lui demanda comment était ce jeune homme, et le reconnut.

— Ne vous effrayez pas ; c'est mon beau-frère, un étourdi, je dirai à ma mère de le gronder.

Mais Foung persistait à vouloir partir. Onzième la priait d'attendre au moins le jour. Elle répondit :

— La maison de mon oncle n'est pas loin ; il me faut seulement une échelle pour passer votre mur.

Voyant qu'il n'y avait rien à faire, Onzième chargea deux servantes de l'aider à passer le mur et de l'accompagner. A quelques pas de distance, elle les congédia. Onzième resta couchée, aussi triste que si elle eût perdu un mari. Quelques mois après, une de ses femmes étant allée au village voisin pour une affaire, s'en revenait le soir, quand elle rencontra Foung, accompagnée d'une vieille grand-mère. Elle la salua, tout heureuse. Foung émue, lui demanda des nouvelles de son amie. La servante la prit par la manche.

— Mademoiselle, venez à la maison, notre maîtresse se meurt de vous attendre.

— Moi aussi, je pense bien à ma sœur. Mais je ne veux pas que les gens de la maison connaissent mon retour. Laissez la porte du jardin ouverte, je viendrai.

Le soir, Onzième la trouva en effet dans le jardin. Elles se racontèrent ce qui était arrivé depuis leur séparation et restèrent à bavarder sans songer au sommeil. Quand elles virent la suivante endormie, elles rentrèrent et partagèrent de nouveau le même lit. Alors Foung dit en secret à son amie :

— Je sais, petite sœur, que vous n'êtes pas mariée encore. Riche et belle comme vous l'êtes, avez-vous besoin d'un mari qui soit riche aussi ? Un jeune fat en culotte de soie n'est pas ce qu'il vous faut. Si vous voulez un bon mari, ne regardez pas à la fortune.

Onzième fut de cet avis.

A l'endroit où je vous ai rencontrée, reprit Foung, l'an passé, il y a encore une fête. Voulez-vous y venir demain ? Je vous ferai voir un mari selon vos désirs. J'ai un peu étudié les livres de physionomie et ne m'y trompe guère.

Elle partit au matin, donnant rendez-vous à Onzième au temple. Quand Onzième arriva, Foung l'attendait. Elles firent un tour ensemble, puis Onzième la pria de monter dans sa voiture. Elles en descendirent et se promenèrent, en se tenant par la main. Elles rencontrèrent alors un bachelier d'environ dix-sept ou de dix-huit ans, simplement vêtu de toile, mais de fort bonne mine. Foung le montra tout doucement à Onzième.

— Voilà un homme que l'académie attend.

Onzième jeta un coup d'œil.

— Allez devant lui, dit Foung, je vous rejoindrai.

Elle vint en effet comme Onzième entrait dans sa chambre :

— Je me suis informée : il est de ce village, et se nomme Meng Ngan-jen.

Onzième savait que cette famille était pauvre et ne croyait pas le mariage possible.

— Petite sœur, pourquoi vous abaisser aux coutumes du monde ? Si ce jeune homme reste pauvre plus tard, je n'ai plus qu'à fermer les yeux et à ne plus juger aucun visage.

— Mais comment faire ?

— Quand on désire une chose, on prend les dispositions nécessaires. Ma sœur, pourquoi ce tracas ?

— Mais parents vivent encore, que faire s'ils n'entrent pas dans nos vues ?

— C'est justement ce que je redoute. Si vous êtes décidée, vous serez bien avancée quand le jeune homme sera mort.

Onzième résistait toujours.

— Votre mariage est déjà fixé par le destin, mais le démon n'est pas encore apaisé. C'est pourquoi je suis venue à votre aide, en souvenir du bien que vous m'avez fait. Je vais partir, mais je me permettrai de lui offrir l'épingle d'or que vous m'avez donnée.

Onzième réfléchissait encore que Foung était déjà partie.

Ce Meng était pauvre, mais de beaucoup de talent. Il songeait à prendre femme mais, à dix-huit ans, n'avait pas encore fait de démarches pour cela. Il avait bien vu les deux jeunes filles et était rentré plongé dans de sombres pensées. Il était près de neuf heures le soir quand Foung frappa à sa porte et entra. Il fit de la lumière et la reconnut.

— Je me nomme Foung, dit-elle, et suis la compagne de Fan Onzième.

Sans en demander davantage, il voulut la prendre par la taille.

— Non, dit-elle, je ne suis pas l'amoureuse mais la confidente. Onzième veut conclure une alliance indissoluble et m'envoie vers vous.

Comme le jeune homme restait indécis et incrédule, elle lui montra l'épingle. Le jeune homme fut au comble de la joie. Il envoya une vieille voisine chez la dame Fan qui, à cause de sa pauvreté, le refusa, sans même en parler à sa fille. Onzième l'ayant appris en fut désespérée et regrettait profondément l'erreur de Foung ; comme il lui était impossible de reprendre son épingle, il ne lui restait plus qu'à invoquer la mort.

A quelques jours de là, un jeune homme de grande famille la demandait en mariage et, de crainte d'être repoussé, chargeait de la démarche le gouverneur de la ville ; ce jeune homme avait déjà un emploi important. Le père en fut impressionné et fit demander le consentement de sa fille. La dame Fan alla lui parler : elle ne répondit rien et se mit à pleurer ; puis elle envoya prévenir sa mère qu'elle ne se marierait pas tant que le jeune Meng serait en vie. Le père, en colère, passa outre, croyant à une amourette sans importance, et fixa le jour des noces. Onzième, indignée, en cessa de manger et resta au lit. Enfin, la veille du jour des fiançailles, vers le soir, elle se leva et fit sa toilette. La dame Fan, qui l'avait vue, en était tout heureuse, quand une petite servante accourut en annonçant que sa maîtresse venait de s'étrangler. Ce fut un désespoir affreux dans toute la maison.

Le jeune Meng ayant appris le refus, était au comble du dépit. Il allait et venait, s'informait, observait, espérant encore un retour de fortune. Quand il apprit que la jeune fille allait avoir un maître, enflammé de colère, il roulait mille pensées contraires. Il sut ensuite sa fin prématurée et fut alors désolé ; que n'eût-il donné pour pouvoir la rejoindre dans la mort ? Le soir, il sortit pour aller à la faveur de la nuit pleurer sur la tombe. Une forme humaine apparut : c'était Foung.

— Je suis heureuse, dit-elle, que votre mariage puisse s'accomplir.

Tout en larmes, il lui dit :

— Quoi ! ne savez-vous pas qu'elle est morte ?

— C'est bien ce que je veux dire. C'est sa mort qui nous permet de l'appeler. Si vous creusez cette tombe, j'ai une drogue qui la rendra à la vie.

Le jeune homme creusa la tombe, brisa le cercueil, combla le trou, et revint avec Foung en portant la petite morte sur ses épaules. Ils la mirent au lit. Foung jeta sur elle sa drogue, et après un moment, elle revint à la vie. En voyant Foung, elle dit :

— Où suis je ?

Foung lui montra le jeune homme.

— C'est Meng Ngan-jen.

Et elle lui dit ce qui était arrivé. Elle semblait sortir d'un rêve. Par crainte des indiscrétions, Foung les emmena à deux lieues de là, dans un village de la montagne. Elle voulait partir. Onzième la pria avec des larmes de rester sa compagne et lui donna une chambre séparée. Les parures qu'on avait mises dans le cercueil assuraient leur subsistance, et il leur fallait peu de chose. Dès que le jeune homme entrait, Foung se retirait. Un jour, Onzième lui dit avec abandon :

— Nous sommes plus unies que des sœurs qui ont même sang et même chair. Cependant, notre union ne sera plus dans cent ans d'ici. Ne vaudrait-il pas mieux encore que vous acceptiez un bon mari ?

— J'ai une recette de longue vie. Je n'ai pas besoin de mariage pour perpétuer ma mémoire.

— Il y a de par le monde bien des recettes de ce genre, dit Onzième en souriant. Qui les a jamais éprouvées ?

— La recette dont je parle n'a rien de commun avec celles que les hommes se transmettent. Seule elle n'est pas trompeuse. C'est celle des alchimistes ; elle consiste dans la liberté du souffle et du sang ; ce n'est pas une drogue d'apothicaire.

Onzième parla de tout cela à son mari. Un jour, elle feignit qu'il fût absent et invita Foung à passer la nuit ; elle la fit boire ; quand elle fut assoupie, Meng entra tout doucement et la prit par surprise. Elle s'éveilla :

— Ma sœur, vous faites mon malheur ! Tant que je gardais la pureté je devais, après avoir atteint la Voie, monter au premier ciel, et me voilà redescendue à la condition d'une femme impudique !

Elle voulait partir. Onzième lui dit quelle avait été sa pensée et lui demanda pardon tristement.

— Je vous dirai la vérité. Je suis une renarde. Je me suis éprise de votre grâce et soudain me suis éveillée à l'amitié comme le papillon sort de sa chrysalide. Ce qui arrive aujourd'hui est l'œuvre du démon, et l'amour ne dépend pas de la volonté humaine. Si je reste, le démon deviendra de plus en plus fort et rien ne pourra le conjurer. Mademoiselle, votre bonheur ira très loin. Veillez sur vous-même, comme sur un très précieux trésor.

Elle disparut, les laissant désolés.

L'année suivante, Meng fut reçu licencié ; il devint académicien après avoir été se présenter comme un gendre à M. Fan, qui d'abord se fâcha, croyant à une mauvaise plaisanterie ; mais ayant envoyé aux informations, il fut détrompé. Cependant, par crainte d'un malheur, il crut devoir garder le secret. Mais l'année suivante, l'ancien fiancé de la jeune fille fut appelé par ses fonctions en une autre province. Le mariage fut alors célébré régulièrement.

La Princesse du lac

Tchen Pih-kiao, de son prénom Meng-yun, était du pays de Yen. Il était pauvre et remplissait les fonctions de secrétaire auprès d'un lieutenant général nommé Kou. Un jour qu'ils traversaient en barque le lac Toung t'ing, ils virent un dauphin qui nageait à fleur d'eau. Kou tira et l'atteignit au dos. Un petit poisson qui tenait en sa bouche la queue du dauphin ne voulut pas lâcher prise et fut pêché avec lui. Attachés au mât, ils respiraient encore, et le dauphin ouvrait démesurément les mâchoires comme s'il demandait grâce. Tchen en eut pitié et obtint de Kou qu'il fût relâché. Comme il avait sur lui du baume, il en mit, par jeu, sur la blessure. Le dauphin jeté à l'eau disparut en un instant.

L'année suivante, se rendant vers le nord, Tchen traversait le même lac, quand une tempête fit chavirer son embarcation. Il put saisir une caisse et y resta cramponné toute la nuit ; le matin, la caisse alla s'accrocher à un arbre et Tchen put grimper sur un rivage. Le corps d'un noyé abordait au même moment ; il reconnut son petit domestique et le tira à terre, mais il était mort. Seul et sans secours, il restait assis tristement devant le corps ; il n'y avait là qu'une colline haute, verdoyante et touffue, entièrement solitaire. Le jour montait lentement, et il frottait toujours le corps avec désespoir. Tout à coup, il perçut un léger mouvement. Il secoua le jeune garçon qui rendit une quantité d'eau et rouvrit les yeux. Ils firent sécher leurs habits sur les roches. A midi, ils pouvaient les remettre, mais la faim leur tordait les entrailles. Ils s'efforcèrent de passer la colline, dans l'espoir de trouver un village. Ils étaient à mi-côte quand ils entendirent un bruit de flèches entrechoquées. Comme ils écoutaient, deux jeunes femmes à cheval accoururent à toute bride. Chacune avait le front entouré d'une coiffe rouge, les cheveux relevés en panache, portait une casaque violette à manches courtes, une ceinture verte, un arc d'une main, l'autre bras protégé d'un brassard bleu. Elles franchirent le faîte, et à leur suite une troupe nombreuse de belles chasseresses, toutes vêtues de même, se répandit dans les taillis. Tchen n'osait avancer ; un petit domestique suivait à pied en courant ; il l'interrogea.

— C'est ici, dit-il, le terrain de chasse de la princesse du lac.

Tchen dit d'où il venait et qu'il avait faim. Le domestique tira du riz de son sac, mais il ajouta :

— Ecartez-vous, sans quoi il y a danger de mort pour vous.

Tchen s'empressa de redescendre la pente. Sous les arbres épais, il découvrit alors une pagode ; il s'approcha. Autour d'un mur blanc courait une eau limpide ; la porte était entrouverte ; un pont de pierre y conduisait. Il poussa le battant pour jeter un coup d'œil. Une terrasse circulaire dominait le jardin. Un sentier s'ouvrait, embarrassé de lianes, embaumé de fleurs, franchissait des balustrades contournées, et conduisait à un autre pavillon ombragé de saules pleureurs qui montaient jusqu'à la toiture. On entendait un chant d'oiseau sauvage, et des pétales de fleurs flottaient dans l'air ; un souffle léger sortait des profondeurs, et les fruits neigeux de l'orme tombaient. C'était un spectacle de délices, comme il ne s'en trouve pas sur terre. En pénétrant dans un petit pavillon, il aperçut une escarpolette très haute, dont la corde pendait immobile ; nulle trace humaine alentour. Il se crut parvenu aux appartements des femmes et, intimidé, n'osa passer plus avant. Mais tout à coup, il entendit le trot des chevaux à la porte, avec un bruit de voix féminines et de rires. Il se cacha avec son domestique parmi les fleurs. Les rires se rapprochèrent. Une jeune fille disait :

— Mauvaise chasse aujourd'hui ; pas de gibier à plumes.

Une autre répondait :

— Si la princesse n'avait pas abattu une oie sauvage, nous serions sorties pour rien.

Bientôt, une compagnie de chasseresses apparut, escortant jusqu'au haut de la salle où elle prit place une jeune fille de quatorze ou de quinze ans, elle-même vêtue d'un élégant costume de chasse ; ses nattes ombrageaient son visage, sa taille fine semblait craindre le moindre souffle, elle était pareille à une fleur d'or impossible à décrire. Ses compagnes lui présentèrent un breuvage parfumé et brûlant ; puis elle se leva et descendit les degrés. L'une des suivantes dit :

— Si la princesse n'est pas trop fatiguée du cheval, ne veut-elle pas jouer à l'escarpolette ?

Elle accepta en souriant. Alors, l'une la soutient de l'épaule, l'autre lui prend les bras, une autre lui retrousse les manches, une autre lui retire ses bottines ; elles la tirent, la poussent, et voici qu'elle s'élève. La princesse étend ses poignets clairs, s'appuie sur ses brodequins aigus et, légère comme Fei-yen la princesse hirondelle, s'envole jusqu'aux nuages. On l'aide à descendre, on admire :

— La princesse est vraiment une Immortelle.

Elles s'en vont avec des rires. Tchen pensif a senti son âme lui échapper. Quand le bruit s'est éloigné, il va jusqu'à l'escarpolette et erre alentour. Soudain, il aperçoit un mouchoir de soie rouge sous la haie. Certain qu'il a été perdu par une des jeunes filles, il le met dans sa manche. Il entre dans le pavillon et y voit une écritoire. Il met sur l'étoffe ce quatrain :

« Qui donc sur l'escarpolette paraît une Immortelle ? – Je le sais bien c'est une des fées qui, au ciel, répandent les fleurs. – Les déesses des palais lunaires peuvent être jalouses. – Qui croirait qu'elle fût montée de notre limon jusqu'au ciel ? »

Il relut sa composition à haute voix et sortit par où il était venu ; mais la porte de l'enceinte était fermée. Après avoir cherché longtemps une issue, il rentra dans le pavillon. Le temps passait. Une jeune fille entra furtivement et s'arrêta surprise.

— Comment êtes-vous là ?

Il répondit avec un profond salut :

— J'ai perdu ma route. Epargnez-moi.

— N'avez-vous pas ramassé un mouchoir de soie rouge ?

— Il est là, en effet, mais je l'ai abîmé. Comment faire ?

Et il le lui montra ; la jeune fille eut grand peur.

— Votre mort est certaine. C'est le mouchoir de la princesse, et vous l'avez sali ainsi. Qu'avez-vous fait ?

Tchen changea de couleur et la supplia de le sauver.

— C'est déjà un crime impardonnable d'avoir pénétré par surprise dans le palais. Cependant, pour un lettré comme vous, j'aurais cherché à faire quelque chose. Mais maintenant, après cette autre folie, il n'y a plus rien à tenter.

Et, prenant le mouchoir, elle sortit en hâte. Tchen tremblait. Il eût voulu avoir des ailes et voyait la mort venir. Après quelque temps, la jeune fille revint et lui dit plus doucement :

— Il y a un peu d'espoir pour votre vie. La princesse, en voyant le mouchoir, l'a examiné à plusieurs reprises et a souri sans paraître fâchée. Peut-être va-t-on vous relâcher, mais attendez ici, et n'essayez ni de grimper aux arbres, ni de percer le mur. Si vous vous montrez, vous êtes perdu.

Le soir tombait, et Tchen restait dans l'incertitude. La faim le tourmentait. Enfin, la jeune fille vint allumer une lampe ; une femme de service la suivait, avec un plateau chargé. Tchen demanda bien vite des nouvelles :

— J'ai profité d'un moment pour dire que si on voulait épargner le jeune homme du jardin, il fallait le renvoyer ; sans quoi il mourrait de faim.

La princesse est restée pensive et a dit :

— Comment le laisser aller à la nuit noire ? Et

elle m'a chargée de vous apporter ceci. Ce n'est pas une mauvaise nouvelle.

Tchen resta préoccupé et ne put reposer de la nuit. Le matin était déjà avancé quand la jeune fille revint lui porter à manger ; il la supplia de lui venir en aide. Elle répondit :

— La princesse n'a pas dit de vous mettre à mort, ni de vous délivrer. Nous ne sommes que des suivantes et n'oserions l'importuner de questions.

Le soir tombait qu'il attendait encore, tout anxieux. La jeune fille entra en grande hâte.

— Malheur ! s'écria-t-elle. On a bavardé. La reine a tout appris. Elle a examiné le mouchoir et s'est emportée contre votre grossièreté. La punition n'est pas loin.

Pâle comme la cendre, Tchen la supplia à genoux, quand on entendit des voix et un mouvement. La jeune fille s'enfuit en levant les bras. Des femmes portant des cordes entrèrent en tumulte ; parmi elles, une servante qui regardait Tchen comme si elle le connaissait :

— Qui est-ce ? dit-elle. Mais c'est M. Tchen.

Elle arrêta les autres.

— Pas encore ! pas encore ! attendez que je l'annonce à la reine.

Et elle sortit rapidement. Elle revint bientôt :

— La reine attend monsieur Tchen.

Tchen la suivit, en proie à la terreur ; après avoir passé plusieurs portes, ils arrivèrent à une salle fermée d'un treillis d'émeraude aux agrafes d'argent. Une jeune femme leva le rideau et annonça M. Tchen. Une belle femme en tunique étincelante était assise au bout le plus élevé. Tchen tomba la face contre terre.

— Je suis un pauvre voyageur. Daignez épargner ma vie.

La reine se leva aussitôt et le prenant par la main :

— Sans vous je ne verrais pas ce jour. Mes servantes ne savent vraiment rien. Traiter ainsi un hôte comme vous ! C'est une faute impardonnable.

Elle lui fit servir du vin sur une nappe fleurie, dans une coupe ciselée. Tchen, déconcerté, n'y comprenait rien.

— Je regrette, ajouta la reine, de ne pouvoir vous rendre le présent que vous m'avez fait de l'existence. Mais votre poésie vous a gagné le cœur de ma fille. C'est sans doute la volonté du ciel. Ce soir, vous pourrez lui faire votre cour.

Tchen resta confus de voir s'accomplir son destin au-delà de toute espérance et ne savait que penser. Le soir, une servante vint lui annoncer que la princesse était prête et l'attendait. Elle le conduisit, souleva une tenture et soudain s'éleva joyeusement le son des orgues et des flûtes. Les degrés étaient couverts de tapis de feutre, et partout aux murailles luisaient les lanternes. Une compagnie de jeunes femmes entouraient la princesse, et les effluves du musc flottaient dans l'espace. Ils entrèrent ensemble sous les rideaux, et l'amour s'empara de tous deux. Tchen dit :

— Pauvre voyageur que je suis, ma vie ne suffirait pas à vous rendre hommage. J'avais sali votre mouchoir, et j'ai eu grâce de la vie. Mais obtenir votre main, c'est ce que, vraiment, je n'espérais pas.

— Ma mère, répondit-elle, est la femme du roi du lac, fille du prince du fleuve. Une de ces années passées, comme elle allait rendre visite a ses parents, elle fut atteinte d'une flèche en traversant le lac. C'est vous qui l'avez sauvée et guérie. Nous vous en garderons une reconnaissance éternelle. Ne soyez donc pas surpris d'un événement aussi imprévu. Le prince des dragons m'a enseigné le secret de longue vie : je veux le partager avec vous.

Tchen comprit alors qu'il se trouvait parmi les génies.

— Comment, demanda-t-il encore, la servante m'a-t-elle reconnu ?

— Sur la barque, ce petit poisson qui tenait la queue de l'autre, c'était elle.

— Mais si je ne devais pas être puni, pourquoi m'avoir tant fait attendre ma délivrance ?

— Je m'intéressais bien a votre talent, mais je ne suis pas libre. Combien je me suis tournée et retournée la nuit pour cela, c'est ce que les autres ne peuvent savoir.

Il soupira.

— Nous n'avons rien a nous envier. Et qui est la jeune fille qui m'apportait à manger ?

— Ne pensez-vous pas qu'elle fût ma meilleure amie ?

— Comment pourrai-je reconnaître tant d'amitié ?

Elle sourit :

— Nous vous devions le jour. Mieux vaut s'acquitter tard que jamais.

Il demanda aussi où était le roi du lac.

— Il est allé combattre les monstres et n'est pas de retour.

Après quelques jours, Tchen songea que les

siens étaient sans nouvelles et devaient mourir d'inquiétude. Il envoya donc son domestique avec une lettre. On avait appris chez lui le naufrage, sa femme et son fils portaient le deuil depuis plus d'un an. Ils surent ainsi qu'il n'était pas mort, mais doutaient qu'il revînt jamais de si loin. Six mois plus tard, il était là cependant, monté sur un cheval richement harnaché, portant un sac rempli de pierreries. Dès lors, sa maison fut la plus riche qu'on eût jamais vue, et le luxe en était extraordinaire. Il tenait table ouverte, et son hospitalité était fastueuse. Si on lui demandait le récit de ses aventures, il s'exécutait sans rien dissimuler. Sept ou huit ans se passèrent ; il eut cinq autres fils. Un de ses amis d'enfance nommé Leang avait passé dix ans dans le sud, comme fonctionnaire, et revenait par le lac ; il rencontra une jonque peinte, aux balustrades ciselées, aux fenêtres rouges ; des sons légers d'orgues et de flûtes se répandaient comme une fumée. Une jeune fille ouvrit une fenêtre et s'accouda. Il aperçut alors, à l'intérieur, un jeune homme, assis, tête nue et jambes croisées ; auprès et au-dessus de lui, une jeune fille de seize ans ; ils échangeaient des caresses. Leang crut à quelque partie de plaisir, et comme la course des deux embarcations était presque égale, il resta en observation : il reconnut alors Tchen Meng-yun. Penché sur le bastingage, il l'appela à mi-voix. Tchen entendit, ordonna aux rameurs de stopper et, s'avançant sur la proue, pria Leang de passer. Il aperçut une table magnifiquement servie. Tchen ordonna de lui faire fête. Aussitôt des jeunes femmes offrirent à Leang le vin et le thé, parmi des montagnes de trésors inconnus.

— Vous êtes donc devenu bien riche, dit-il avec surprise, depuis dix ans que je ne vous ai pas vu ?

Tchen sourit.

— Vous m'avez connu pauvre ; en prenant de la peine, n'ai-je pu arriver ?

Il lui demanda aussi qui était sa compagne.

— C'est ma femme, dit-il.

De plus en plus surpris, Leang demanda où il se rendait ainsi avec toute sa maison.

— Vers l'ouest.

Leang voulut questionner encore, mais Tchen se hâta de commander la musique, et aussitôt ce fut un bruit qui empêcha tout entretien. Cependant, comme Leang voyait partout de jolies filles, il feignit l'ivresse et cria :

— Monsieur Meng-yun, ne pourriez-vous me permettre de perdre mon âme un peu ?

— Mon ami, dit Tchen en souriant, vous êtes ivre. Mais voici une parure de femme que je veux donner à un vieil ami.

Et il fit apporter une perle énorme.

— Vous trouverez facilement à la vendre, ajouta-t-il, et cela vous montre que je ne suis pas avare.

Il prit congé là-dessus :

— Une petite affaire me presse et ne me permet pas de prolonger notre chère entrevue.

Il reconduisit Leang à son bord, puis fit larguer l'amarre et repartit à toute allure. Sitôt de retour, Leang courut chez Tchen qu'il trouva attablé avec des amis.

— Comment, s'écria-t-il, vous étiez hier sur le lac et vous voilà déjà arrivé ?

— Vous vous trompez.

Leang raconta, à l'admiration de tous, ce qu'il avait vu la veille. Tchen sourit.

— C'est une erreur. Comment pourrais-je me trouver en deux endroits à la fois ?

Personne n'y comprenait rien. A quatre-vingt-un ans, Tchen mourait. Comme on allait l'ensevelir, on trouva son cercueil étonnamment léger : il était vide.

Houan-niang

Wenn Jou-tch'ouen ou Wenn le Printanier était un fils de famille, originaire du Chan-si, fou de musique au point qu'il emportait son luth même en voyage. Un jour, comme il se rendait dans la province voisine du Chan-si, il vint à passer près d'un vieux temple et décida de s'y reposer un peu. Ayant attaché son cheval au dehors, il entra et eut la surprise de trouver la place occupée. Un taoïste en robe de toile était assis sur les talons, selon la coutume de ces religieux. On voyait près de lui, posée à terre, une petite cithare avec son percuteur de bambou et, dressé contre le mur, l'étui d'un luth, richement décoré.

Wenn ne put y tenir : il demanda à l'étranger s'il savait jouer du luth.

— Assez mal, fut la réponse. J'aurais plaisir à m'instruire en vous écoutant.

Et, tirant son propre instrument de l'étui, il le lui présenta. Wenn l'examina en connaisseur. L'accord en était admirable. Il suffisait d'effleurer une corde pour en tirer un son d'une pureté merveilleuse. Wenn, tout heureux, se mit à jouer un petit air. Le taoïste l'écoutait avec un sourire, comme s'il ne se fût pas attendu à cela. Quand Wenn eut fini, il sourit encore, et prononça :

— Très bien ! très bien ! Cependant, je ne saurais vous prendre pour maître.

Wenn, un peu piqué, le pria de lui montrer à son tour son savoir-faire. Le taoïste prit l'instrument sur ses genoux et préluda. Une brise suave se leva aussitôt. Il continua : on vit les oiseaux descendre du ciel et couvrir les arbustes de la cour. Wenn, au comble de la surprise, voulut apprendre cet air extraordinaire. Le taoïste le lui répéta de bonne grâce, jusqu'à trois fois. Wenn écoutait de toutes ses oreilles, de tout son cœur. Peu à peu, il saisit le rythme et la mélodie. Son maître bénévole le lui fit alors jouer, en corrigeant les fautes et lui expliquant la mesure.

— Ce n'est pas, ajouta-t-il, un air qui ait son pareil sur cette terre.

Au retour de son voyage, comme il se trouvait encore à plusieurs lieues de sa maison, Wenn fut surpris, à la nuit tombante, par un violent orage. Il avisa, non loin de la route, un hameau, y courut, et sans prendre le temps de choisir, se jeta dans la première maison qu'il trouva ouverte. La salle où il entra était vide. Après un instant, une tenture s'écarta, une jeune fille apparut : elle avait dix-huit ans à peine et une grâce surnaturelle. Ayant levé la tête, elle aperçut soudain l'étranger et s'enfuit, effrayée. A sa place, ce fut une vieille femme qui vint aux nouvelles. Wenn lui expliqua sa situation et lui demanda si elle ne pourrait pas lui donner l'hospitalité pour la nuit.

— Je ne demande pas mieux, répondit-elle, mais nous sommes pauvres en lits. Si vous voulez, on vous étendra de la paille sur le sol.

Pendant qu'un petit domestique, accouru avec

un flambeau, s'occupait de ce soin, Wenn, tout heureux de cet accueil, posait quelques questions à son hôtesse. Elle lui expliqua que la jeune fille était sa nièce et se nommait Houan-niang. Wenn n'était pas encore marié : il était riche. Il crut avoir trouvé dans cette pauvre maison la femme de son choix.

Comme il s'ouvrait de ses intentions à la vieille, elle parut embarrassée.

— C'est, dit-elle, un projet auquel je n'oserais consentir.

— Et pourquoi donc ?

— C'est difficile à expliquer.

Et elle sortit, revêche, sans en dire plus long.

Wenn, dépité, ne crut pas devoir se coucher sur la paille, qui était humide. Il passa la nuit assis, jouant du luth pour faire passer le temps, et dès que la pluie diminua, il se remit en route.

Il comptait au nombre de ses amis un secrétaire du tribunal, nommé Ho, qui avait un goût très vif pour les lettres et les arts. Une de ses premières visites, à son retour, fut pour ce personnage, car il tenait à lui faire entendre son nouveau morceau de luth. Comme il le jouait à l'émerveillement de son hôte, il crut voir bouger une tenture au fond de la pièce. Un courant d'air la souleva soudain, laissant voir une jeune fille d'une beauté remarquable, qui s'enfuit, confuse. C'était la fille de Ho, que Wenn n'avait jamais vue jusque-là. Elle se nommait Leang-koung ; fort instruite elle-même, elle ne manquait pas de talent pour la poésie. Les sons du luth l'avaient attirée, et elle n'avait pu résister à sa curiosité.

Wenn, qui désirait de plus en plus se marier, fut ému de cette rencontre et en parla à sa mère qui fut d'accord avec lui : elle se chargea d'aller trouver Ho, pour lui demander sa fille. Mais Ho avait des principes ; il estima qu'un jeune homme sans profession, comme Wenn, ne présentait pas de garanties suffisantes, et répondit par un refus. Wenn en conçut un vif chagrin et cessa de fréquenter la maison.

La jeune fille n'avait pas entendu impunément l'air enchanteur : son cœur s'était ému, et comme on ne l'avait mise au courant de rien, elle attendait chaque jour le retour de ce musicien si habile en ne cessant de penser à lui.

Un jour qu'elle se promenait toute seule dans son jardin, elle ramassa, sous un bosquet, une feuille de papier. Un poème en vers libres s'y trouvait écrit, sous ce titre : *Regret de l'inutile printemps*. Il était ainsi conçu :

« De chagrin je suis obsédé, – Roulant sans cesse les mêmes pensées, – Et de jour en jour l'amour me consume. – Les pêchers répandent leur enivrant parfum. – Les saules évoquent un printemps douloureux, – Et toujours en mon cœur c'est le même regret. – Ma douleur constamment se renouvelle, – Pareille à l'herbe coupée sous la faux qui repousse. – Depuis la séparation, – Sous quel ciel s'en est-il allé, – Et combien de jours et de nuits doivent passer encore ? – Combien de printemps sur la montagne, – Combien d'automnes sur les eaux débordées ? – Je cesse de penser, je cesse de chanter, – Sous mes couvertures parfumées, livrée à un rêve jaloux. – Le son de l'horloge à eau m'en tire d'un coup. – Je voudrais bien dormir, mais comment faire ? – On dit qu'une nuit de solitude vaut une année, – J'estime que c'est trop peu dire, – Et que chaque veille de la nuit est plus longue qu'une année. – Voyez, comme je vais vieillir ! »

Leang-koung apprécia ces vers d'autant plus qu'elle y sentait une analogie avec ses sentiments. Elle les lut a haute voix, plusieurs fois de suite, et, de retour à sa chambre, cacha la feuille dans la couverture d'un livre posé sur une table. Quelques jours après, elle la chercha et ne la trouva plus. Elle pensa que le livre s'était ouvert et que le vent avait emporté le papier.

En effet, son père, passant devant la porte de la chambre de Leang-koung, avait trouvé la feuille par terre. Il avait lu, lui aussi, le poème, et avait naturellement pensé que sa fille en était l'auteur. L'ardeur des sentiments qui s'y manifestait lui avait fortement déplu. Il jeta au feu les vers compromettants et conclut de cette découverte qu'il fallait marier Leang-koung au plus vite. Il se trouva que, justement dans les jours qui suivirent, il reçut la demande du fils d'un haut magistrat de la ville, nommé Liou. Il en fut ravi : toutefois, ne quittant pas sa prudence coutumière, il voulut, avant de se prononcer, voir le prétendant. Le jeune homme ne se fit pas prier. Il plut beaucoup à Ho par sa bonne mine et ses manières élégantes. L'entretien fut cordial et se prolongea longtemps.

Quand le jeune Liou eut enfin pris congé, que trouva-t-on dans son fauteuil ? La boucle d'un petit soulier de femme. Ho fut indigné, à juste titre, de tant d'impudence ou d'étourderie, et malgré son grand désir de marier sa fille, il fit dire à Liou qu'on ne recherchait pas une jeune fille honnête en mariage, quand on portait sur soi de pareils souvenirs. Liou eut beau protester qu'on faisait erreur et qu'il y avait là certainement un malentendu, Ho, qui ne badinait pas avec la morale, fut inflexible.

Il y avait dans le jardin de Ho des chrysanthèmes bleus dont il était très fier, car cette couleur dans cette espèce de fleurs est une sorte de prodige. Aussi n'en donnait-il de boutures ni de graines à personne. Seule, Leang-koung avait obtenu la permission d'en planter quelques pieds dans son appartement. Wenn avait, sous la fenêtre de son cabinet de travail, un petit jardin où il cultivait, lui aussi, des chrysanthèmes, mais d'espèces ordinaires. Il fut bien étonné, un matin, de voir sur un ou deux pieds des fleurs bleues. Il descendit pour vérifier ce phénomène. Une feuille de papier traînait sur le sentier. Il la ramassa : c'était le même poème qui s'était trouvé dans le jardin de Leang-koung, le *Regret de l'inutile printemps*.

Wenn ne pouvait s'en expliquer l'origine, et ce titre semblait contenir une allusion à son prénom de *Printanier*, qui l'intriguait davantage encore. Il remonta chez lui et plaça la feuille sur la table, non sans avoir crayonné en tête un petit commentaire d'un ton assez léger.

Cependant, le bruit s'était répandu, chez les voisins et parmi les amateurs de la ville, de cette floraison inattendue, et les curieux commencèrent à affluer. Malgré le refroidissement de leurs relations, Ho, que l'événement intéressait plus que tous les autres, n'y put tenir ; il vint aussi. Wenn le reçut avec politesse et l'introduisit dans le pavillon où se trouvait son cabinet de travail. Le premier objet que Ho aperçut fut la feuille de papier étalée sur la table. Wenn, ayant suivi son regard, se hâta de mettre la main sur les lignes qu'il avait tracées et s'efforçait de les effacer en frottant, car il en avait honte devant ce grave personnage. Mais, si rapide que fut son geste, Ho avait eu le temps de lire et de reconnaître les premiers vers du poème. Il ne douta pas que Leang-koung n'en eût fait présent à Wenn, comme, sans doute, elle lui avait aussi donné des boutures des chrysanthèmes. Il abrégea sa visite et rentra furieux.

Il expliqua ce qui s'était passé à sa femme, et tous deux furent d'accord pour faire comparaître Leang-koung. A toutes leurs questions, elle ne répondit que par un torrent de larmes. Impossible de tirer l'affaire au clair. Mais en poussant à bout la jeune fille, ne risquait-on pas un plus grand scandale ? Ne valait-il pas mieux consentir à son mariage avec le jeune homme qu'elle aimait ? La mère fit valoir ces raisons, et Ho, qui aimait tendrement sa fille, s'y rendit de bon cœur. On fit prévenir Wenn, qui fut plus heureux encore que surpris de ce revirement inespéré, et il ne resta plus qu'à fixer le jour du mariage.

Le soir même du jour où il avait reçu cette bonne nouvelle, Wenn traitait quelques amis, pour fêter les chrysanthèmes bleus. La réunion fut des plus joyeuses et se prolongea fort tard, dans les nuages de l'encens et au accords de luth, dont Wenn touchait avec plus de sentiment que jamais. Quand le dernier invité fut parti et que Wenn se fut retiré dans le corps de logis principal pour dormir, le petit domestique qui gardait le pavillon entendit le luth jouer tout seul. Il crut d'abord à quelque petit amusement de valet, mais reconnu bientôt que ces sons étranges n'étaient pas produits par une créature humaine. Il alla prévenir son maître qui sortit du lit pour se rendre compte par lui-même. Le luth jouait toujours. Les sons étaient durs et entrecoupés, comme il arrive aux débutants qui ne sont pas encore maîtres de leur instrument.

Wenn alluma une torche et entra vivement dans le cabinet de travail. Il n'y avait personne. Il emporta le luth. Le silence régna le reste de la nuit. Il pensa avoir affaire à une ogresse, de celles qui aiment à visiter les demeures des hommes. Chaque soir, il se mit à jouer, mais prenant soin d'accorder le luth et de montrer la gamme, comme fait un maître pour son élève. Ensuite, la nuit venue, il écoutait à la porte. Après six ou sept leçons, il eut la satisfaction d'entendre le morceau convenablement exécuté.

Le mariage eut lieu sur ces entrefaites. Les deux époux se racontèrent l'un à l'autre les événements surprenants qui l'avaient précédé. Ils reconnurent qu'ils avaient été l'objet d'une bienveillance spéciale, mais ne savaient à qui l'attribuer. Leang-koung alla écouter le luth et remarqua, elle aussi, qu'il avait un son étrange. Elle écouta encore et dit :

— Ce n'est pas une renarde. Cet accent de mélancolie profonde révèle une âme en peine.

Wenn restait incrédule.

— Il y a, poursuivit-elle, dans la maison de mon père, un miroir magique qui fait apparaître les fantômes.

Le lendemain, on fit chercher ce miroir, et la nuit, quand le luth se mit à jouer, mari et femme firent irruption dans la chambre, l'un tenant un flambeau et l'autre le miroir. Une forme féminine apparut. Elle courait aux quatre coins de la pièce, cherchant en vain une retraite. Wenn courut après elle, l'examina et la reconnut : c'était la nièce de la vieille femme chez qui il avait reçut asile, un soir d'orage, celle qui se nommait Houan-niang. Très ému, il voulait l'interroger, mais elle s'écria en pleurant :

— C'est moi qui ai fait votre mariage. N'est-ce pas une bonne action ? Pourquoi me tourmenter ainsi ?

Wenn fit éloigner le miroir et lui promit que si elle voulait bien ne pas s'en aller, on le remettrait dans son étui. La jeune fille alors fut rassurée. Elle s'assit à quelque distance et conta son histoire :

— Je suis la fille d'un gouverneur de province, morte depuis cent ans. Dans ma première jeunesse, j'aimais à jouer du luth et de la cithare. J'étais arrivée à jouer assez bien de la cithare, mais pour le luth, ma mère ne me l'avait pas encore bien appris quand je suis morte, et je l'ai bien regretté au pays des sources souterraines. Quand j'ai eu l'honneur d'attirer votre attention, j'avais entendu un air merveilleux, et tout mon cœur allait à vous, mais ma condition d'âme désincarnée ne me permettait pas de me faire, comme je l'aurais voulu, votre servante. Alors je vous ai arrangé un heureux mariage, pour reconnaître les bons sentiments que vous aviez montrés pour moi. La boucle de soulier de femme qu'on a trouvée sur le jeune Liou, le poème du *Regret du printemps*, c'est moi qui ai fait tout cela. N'ai-je pas bien payé mon professeur de luth ?

Les jeunes époux, devant leur bienfaitrice, se confondaient en remerciements. Elle y coupa court en disant :

— Je sais à peu près cet air, pour les notes,

mais c'est le sentiment que je n'arrive pas à y mettre encore. Vous plairait-il de le recommencer une fois de plus ?

Wenn, très ému, prit son luth et, tout en jouant, il lui expliquait les nuances.

— Cette fois j'y suis, dit-elle en souriant.

Et elle se leva pour partir. Mais Leang-koung, moins troublée que son mari, la retint :

— Je joue moi-même de la cithare, dit-elle. Ne voudriez-vous pas me jouer quelques morceaux ?

Houan-niang y consentit. Ni la gamme, ni les mélodies ne ressemblaient à rien de ce qu'on entend sur la terre. Leang-koung écoutait en marquant la mesure. Elle voulut apprendre les airs. Houan-niang, toujours complaisante, lui fit écrire les notes sous sa dictée.

Mais enfin, il fallut partir. Mari et femme lui prenaient les mains pour la retenir. Elle leur dit tristement :

— Votre accord est parfait, votre union profonde. C'est un bonheur qui est interdit aux victimes d'une mort prématurée. Si le sort en décide ainsi, nous nous retrouverons dans une autre existence.

Puis, s'adressant à Wenn, elle lui remit un rouleau de peinture :

— C'est mon portrait, dit-elle. Si vous n'oubliez pas celle qui fit votre mariage, suspendez-le dans votre chambre. Quand vous serez heureux, brûlez un bâton d'encens, jouez devant l'image un air de luth. Les sons et les parfums parviendront jusqu'à moi. Et elle partit, pour ne plus revenir.

Achevé d'imprimer
le 4 juillet 1994
sur les presses
de l'imprimerie A. Robert
116, bd de la Pomme
13011 Marseille

Dépôt légal : septembre 1994